“十四五”时期国家重点图书出版专项规划项目

国家战略预警研究译丛·第二辑

信息时代的预警分析

再造高效情报流程

WARNING ANALYSIS FOR THE INFORMATION AGE

Rethinking the Intelligence Process

[美] 约翰·博德纳尔（John W. Bodnar）—— 著

孟 林 —— 译

金城出版社
GOLD WALL PRESS
·北京·

图书在版编目（CIP）数据

信息时代的预警分析：再造高效情报流程 /（美）约翰·博德纳尔（John W. Bodnar）著；孟林译 . —北京：金城出版社有限公司，2024.12
（国家战略预警研究译丛 / 朱策英主编 . 第二辑）
书名原文：Warning Analysis for the Information Age：Rethinking the Intelligence Process
ISBN 978-7-5155-2634-8

Ⅰ. ①信… Ⅱ. ①约… ②孟… Ⅲ. ①军事情报—研究 Ⅳ. ① E87

中国国家版本馆 CIP 数据核字（2024）第 057969 号

信息时代的预警分析：再造高效情报流程

XINXI SHIDAI DE YUJING FENXI ZAIZAO GAOXIAO QINGBAO LIUCHENG

作　　者　[美] 约翰·博德纳尔
译　　者　孟　林
策划编辑　朱策英
责任编辑　李晓凌
责任校对　王秋月
责任印制　王培培
开　　本　700毫米 × 960毫米　1/16
印　　张　14.75
字　　数　234千字
版　　次　2024年12月第1版
印　　次　2024年12月第1次印刷
印　　刷　天津旭丰源印刷有限公司
书　　号　ISBN 978-7-5155-2634-8
定　　价　68.00元

出版发行　**金城出版社有限公司**　北京市朝阳区利泽东二路3号　邮编：100102
发 行 部　(010) 84254364
编 辑 部　(010) 61842989
投稿邮箱　jinchenglxl@sina.com
总 编 室　(010) 64228516
网　　址　http://www.baomi.org.cn
电子邮箱　jinchengchuban@163.com
法律顾问　北京植德律师事务所　(电话)18911105819

编者语

当今全球局势复杂多变，安全冲突此起彼伏，不确定性与突发性相互交织，给世界带来了全新的挑战。提高战略预警能力，完善国家战略预警系统，成为各国的必然选择。

国家战略预警，指一国武装力量为防御突然袭击，运用预警技术监视别国战略进攻性武器活动态势的综合性警戒手段。它关乎一国的战略核心利益，是维护国家安全、执行战略行动的重要保障，是国家防御体系的重要组成部分，是国家战略防御和威慑力量不可或缺的重要基础。战略预警攻防兼备，以守为攻。其目的在于，在尽可能远的警戒距离内，及时准确探测识别敌方攻击，分析判断各类情报信息，发布先期警戒情报，使国家决策层尽早采取反制措施，甚至先发制人。

针对敌方的突然袭击，如何识别、预警、预判、反制、威慑、防御，是全球情报人士热切关注的问题。为此，我们特别策划了“国家战略预警研究译丛”，将该领域的国际研究成果推荐给中国读者，供读者批判性学习。丛书主要针对的是国家层面的战略预警，内容涵盖早期预警、情报搜集、情报分析、预判突袭、预先防御、先发制人、情报失误、情报欺骗、减少不确定性等方面。我们所精选的作品，既有享有盛誉的经典著述，也有一些著名专家的最新研究，备受各国情报人员和国家安全学者推崇。

目前，中国已进入一个全新时代，比历史上任何时期都更接近实现中华民族伟大复兴的目标。但前进的道路不可能一帆风顺，我们还面临许多重大风险挑战。我们真诚希望本套丛书，可对我国相关领域的从业者有所启迪；为践行总体国家安全观、维护我国国家安全，在理论与实践层面有所探索。

目　录

免责声明

本书表述内容仅代表作者个人观点，并不反映美国国防部或美国政府的官方政策或立场。

序　言

美国国家情报大学支持并鼓励对情报问题开展研究，以总结经验教训，改进对政策和作战层面客户的支持。

这部著作通过示例讲解，为美国国防情报局和整个情报界馈赠了一份实证构想，阐述了分析人员如何利用现有可用的海量数据库，去解决我们面临的许多棘手难题。约翰·博德纳尔博士的研究基础是辛西娅·格拉博（Cynthia Grabo）早期的工作和见解。而就在不久前，格拉博的新作《预判突袭：战略预警分析》（*Anticipating Surprise: Analysis for Strategic Warning*）已由国家情报大学战略情报研究中心出版。博德纳尔还运用了一种行之有效的方法，就是将美国空军战略和作战领域哲学家约翰·博伊德（John Boyd）上校的观点融入本书——博伊德上校的理论虽然经常被人引用，但却极少有人得以窥见原貌。相比其他图书，本书不但引入机密案例研究，而且将情报专业知识与预警分析策略完美结合，能更好地为美国情报界服务。只要人们继续应用这种方法，就可以从现有数据中获得新的认识，还可以提供相应指导，帮助人们以适当的低成本方式开展情报搜集工作。

罗素·斯温森（Russell Swenson）

美国国家情报大学战略情报研究中心主任

前　言

一、评论

约翰·博德纳尔博士是一位经验丰富的情报分析人员，技术背景十分深厚，他在本书中展望了在信息时代的战略环境发生变化之后，这种环境将为情报界带来怎样的挑战，并将应对预警新需求的四项主题融会贯通，详细探讨。第一个主题是最重要的核心，即他所提出的多维分析方法在应对信息时代预警挑战的复杂性时的效用，该分析方法是他在研究外国开发大规模杀伤性武器带来的各种问题时发展出来的。第二个主题的基础是辛西娅·格拉博不久前再版的经典著作《预警情报手册》（*Handbook of Warning Intelligence*）[1]，并根据信息时代而不是工业时代的条件，对这些经验教训进行了调整。博德纳尔的第三个主题是强调约翰·博伊德上校的“观察—定位—决策—行动”循环决策周期理论的效用，并将其整合到预警分析的框架之中。在第四个主题中，博德纳尔从在职分析人员的角度提出了一系列建议，指出如何解决分析和资源等面临的限制，从而提供了一

[1] 中文版《预警情报手册（完整解密版）：国家安全威胁评估》2019 年 12 月已由金城出版社出版。——编注

种可以改进情报分析的策略。为了做好这项有趣而又有用的工作，我将提供几个观点，借此予以额外的强调。

（一）总体评论

在我看来，博德纳尔和许多观察家一致认为[1]，信息时代标志着人们的视角已经从确定性和线性的牛顿范式，彻底转变为基于非线性和现代量子物理学的复杂适应系统。博德纳尔将这个“范式转移”的主题彻底融入自己的书中；然而，也许是为了与他自己的科学背景保持一致，以及尽可能专注于分析类问题，他只讨论了确定性的牛顿线性，并未充分探讨工业时代模型的其他特有元素。但在今天，这些元素正在改变并导致我们面临那些新出现的预警难题。

工业时代大国的实力来自三个相互关联的底层根源：政治、经济和技术。第一，在后威斯特伐利亚时代民族主义兴起的基础上，这些民族国家从数量庞大、极具凝聚力的公众那里获得了合法性和政治力量，而这种合法性和政治力量也可以提供相当可观的军事力量。第二，工业化和大规模生产推动了经济快速增长，使得这些民族国家能够部署和支持非常庞大的军事力量。第三，新技术为这些国家的军队提供了大规模的机动性和密集的致命火力，使得以远程进攻方式开展军事行动的做法成为可能。规模效应成为国家实力的主要来源，但工业时代需要有效的组织和流程，如此才能驾驭和利用这种力量。因此，韦伯（Weber）提出的阶层式官僚机制十分重要，因为它带来了管理的职业化、专业化和常规化。此外，泰勒（Taylor）将标准化和系统化的流程应用于制造业，使之成为工业时代范式中关键元素的做法，其重要性无论怎样强调也不为过，原因在于工业时代范式必须有能力预测和控制这种大规模的实体。

在整个工业时代，批量化、标准化和可预测性等要素，同样是军事力量

---

[1] 例如，可以参见 David S. Alberts and Thomas J. Czerwinski, eds., *Complexity, Global Politics, and National Security* (Washington, DC: National Defense University Press, June 1997)。（如无特别说明，本书注释均为原书所注。）

的来源，并且在战略和作战等层面影响发动战争的方法。但正是这些属性，让我们能够采用和利用一种预警范式：它的依据是假定（比如批量假定和线性假定）危险将来自大规模活动。从定义来看，这些威胁几乎都是可见的，也都是肯定可以预测的，前提是我们能够访问它们的特征（signature）。信息时代已经改变了这种关于易处理性的“舒适”假定，即假定以可观察的活动和可预测的流程为依据，就可以提供预警；新的威胁可能会出现在难以检测的极小包裹里，或是出现在具有难以观察到的非线性后果的微小活动中。虽然我可能并不赞同博德纳尔关于这些新挑战所构成威胁的严重性的观点（特别是与数万枚带着致命恶意的核武器相比），但我当然认同以下观点，即如果我们继续依赖从前人手中继承的工具和做法，这个新环境将在可知性（正式意义上的）、可观察性和可预测性等方面更具挑战。正是出于这个原因，我将大力强调博德纳尔那略为含蓄的呼吁，也就是必须重新审视分析流程这个问题。而这要求我们回到现象学和认识论的初级问题上。

我要强调的第二个领域是新预警挑战的多样性。首先，我要修改博德纳尔关于预警（warning）的定义。所有情报都可以向决策者告知情况；但预警情报却是与众不同的，因为它的目的必须是引发决策者采取行动。战略预警情报尤其必须关注的，并不仅仅是一个国家（或其他团体）可能怀有敌意，以及正在获取适当能力来为这种敌意服务的情况，还有其他变化（比如新技术、政治制度或动态、经济混乱，又或者疾病或环境灾难等人类安全挑战）可能对美国的利益或政策构成根本性挑战。另外，我还想在他的分类中加入作战预警（Operational Warning）。

战术预警也是一种警报，应该表示如下含义：所担忧的活动（比如突然袭击）已然迫在眉睫，或是不幸正在进行之中。它即便不能回答**什么人**和**什么方法**等问题，至少应当在**什么时间**和**什么地点**等问题上是具体的。博德纳尔指出，对战术预警所做的响应是即时的，而且响应时手头必须有现成的资源和计划。博德纳尔发现，战略预警应当从意图或能力等方面去识别潜在威胁的存在，并为政策制定者提供足够的时间，供其接收、规划和提供资源，从而抵消对方的响应措施。作战预警是上述二者之间必不可少的链接，既可以发出警报，指出敌人正准备开始敌对活动，又可以识别敌人的特定特征。它可以提供必要的时间，用以动员和启动响应措施，并用以触发监视措施，密切监视战术预警指标。例如，在20世纪90年代中期，正确的战略预警曾经发出警报，指出伊斯兰激进主义正在成为美国全球利益所面临的战略威胁。作战预警会暗示“基地”组织和“用作炸弹的飞机”都是特别令人担忧的东西。战术预警会通知即将来临的攻击。“9・11”的预警失误不仅是因为没有战术预警，也是因为没有作战和战略预警。

在多维分析中，博德纳尔提供了一种六维方法，其结构化的特征非常显著，但天然具有灵活性，可以灵活集成特定的分析工具和模型。令人欣慰的是，他意识到证据驱动的“连接各点”模型的适用性是极其有限的，并且意识到必须采用那些更加依赖假设生成和检验的其他模型。此外，尽管博德纳尔生活在“基于证据的文化”之中，但他强调需要提供背景资料，因为这是确保证据能够得到正确解读的唯一途径；“事实”无法做到不言自明。特别值得一提的是，他强调必须采用递归假设生成和检验协议，以确保异常信息不会被人无视，或是被大量涌入的证实性证据所淹没，而且这些海量证据还会变得越来越多，因为在基于“**先验相关性**”认定的过滤流程中，还会于无意中生成许多副产品。

除了推广多维分析方法的内在优势之外，博德纳尔还特别擅长提出有益的建议，以改进情报中的其他分析流程。具体做法是建议采用一种结构化的实践方法，应当更加类似科学研究，而不是人文学科的研究。

（二）其他具体意见

博德纳尔只在预警情报的背景下强调多维分析，在处理情报分析中的其他严重缺陷方面明显低估了它的潜在效用。他在探讨第四个主题时指出一项内容：如果强调动态情报，弱化评估和估计情报（包括深度预警分析），这种做法存在普遍的不利影响。但他没有明确指出，这种结构化的多元素分析程序也可以改善许多其他类型的情报努力，从而纠正动态情报的报告性质。

尽管博德纳尔侧重强调应当改善预警情报，但他很少提及其他许多可能妨碍优质情报分析的现有问题。他曾提出有益建议，即多步骤分析流程应当包括开展系统性检查，看看我们是如何对敌人建模，又是如何执行整个分析流程的。情报界的书籍文献中频繁参考或被建议参考的"间谍技艺"（tradecraft），正说明人们认识到在这个情报集团里，这种"技艺"是一直存在的，也有先进技术与之配合。然而，这种"技艺"文化还有一个鲜为人知的后果，即分析的实践和习惯是可以进化和累积的，如果它们在过去被证明是成功的，那就更是如此；第二个后果就是对于这些分析流程及其底层的认识论，相对缺乏系统性的检验。在一个快速发生重大变化的时代，技艺文化可能无法以足够快的速度去适应新的挑战。此外，在技艺文化中，许多关键领域的专业知识和工艺信息（以及标准、价值和动力）通常都是隐性的，包含在人们的专业知识之中（或是每个分析人员自己的"鞋盒"[1]里），并没有实例化，变成结构化、编目式、可检索和可供其他人员访问的形式。他还强调必须抢在专业知识永远消失之前，着手解决这个问题。

博德纳尔认识到，人们愈发迫切地需要优质答案时，就不能坐等用户提出申请，也就是说要求进行必要的深度分析，以此为基础开展多维分析以及其他情报努力，因为这种做法可能无法提供足够的时间，也就无法让人较好地完成工作。这时，他隐晦地提出一个关键问题，即情报界如何才能更加积极主动，超越正式的用户驱动的需求流程。博德纳尔也认识到，尽管顾客通常只对"答案"感兴趣，但并不是所有的"故事"都是线性的；他认识到在讲述正确故事时，讲述方式必须要确保听众真正理解其中的信息。他还揭露了一个严峻的问题，尽管人们在情报界的信息基础设施上投入大量的资源，但对于提高每个分析人员（尤其是全源分析人员）的认知表现，或是有效支持"鞋盒"等特有工作实践等方面来说，在相应工

[1] 过去人们将重要纸质文件放入鞋盒保存，由此得名。——译注

具上的投入还是相对较少。

杰弗里·库珀（Jeffrey R. Cooper）[1]

二、补充评论

博德纳尔博士的工作识别并整合了许多关键元素，可以帮助情报界了解那些发展大规模杀伤性武器的国家和非国家行为体的努力。具体来说，他识别出人力资源、信号情报和开源利用等，指出它们正是一些关键元素；他还提出一个强有力的论点，指出应当整合关于人员、地点和项目的信息，再将这些信息整理为自动化关系数据库的格式，提供给情报分析人员。他将这种方法定义为“多维分析”，而且已有睿智的分析人员开始使用。多维分析方法的广泛应用，必能显著提升情报界能力，为应对国家安全威胁的最终决策者提供更加深入细致的情报资源。

诺曼·卡恩（Norman Kahn）博士 [2]

事实上，我们正站在情报分析发生范式转移的门槛之上。美国“高级研究和开发活动”（ARDA）是一项覆盖整个情报界的工作，目的是定义我们应当如何以符合博德纳尔博士设想的方式，推进我们的战略、作战概念和组织。“高级研究和开发活动”可以带来强大的动力，专注于情报信息的发现、利用和分析等工作。博德纳尔指出，当今世界变局加速演进，人类思维需要进行重大转变，以塑造情报工作的未来。这部著作代表了情报研究的重大进展，可为执行复杂预判分析任务提供宝贵参考。

弗兰克·休斯（F. J. Hughes）[3]

---

[1] 科学应用国际公司（Science Applications International Corporation Strategies Group）负责技术的副总裁兼首席科学家。

[2] （中央情报局）情报技术创新中心多个生物防护项目的项目主管。

[3] 美国国家情报大学教授。

第 1 章
大规模杀伤性武器和恐怖主义世界中的战略预警

过去半个世纪发生的技术变革，破坏了人们借助传统手段提供预警情报的能力。新技术如何才能催生出新方法，以便在信息时代提供预警情报？

一、苏联人造卫星、“9·11”事件及预警情报的终结

“9·11”恐怖袭击以清晰的方式让人看到，关于预警情报的概念已经彻底改变。笔者认为，直到第二次世界大战开始之前，人们提供预警情报的能力与史前时代并没有太大的区别，但二战中出现的技术变革，却开启了一个崭新的情报时代。为了理解这些变革及其影响，首先我们需要一个关于预警的定义，对此笔者的建议是：

- 战术预警（tactical warning）：动用动态资源作出响应，以此预警敌人的潜在行动。
- 战略预警（strategic warning）：大规模重新分配资源，以此预警敌人的潜在行动。

预警情报的目的是让人们能够面向战斗人员和政策制定者，为他们提供关于敌人潜在行动的具体指标。我们需要认识到，所获得的大多数情报并不是预警情报，而是动态情报（current intelligence）。将动态情报与刚刚根据预警指标搜集到的情报进行匹配，就可以预测敌人的下一步行动。

每个社会都必须提供资源，用于国防事业（即“大炮”）和维持本国基础设施或经济（即“黄油”）。对一个社会来说，最优想定情景[1]就是这样一种环境：它不必为国防提供资源，因此可以将所有资源分配给经济；但除了一些偏远的太平洋岛屿，所有社群总是不得不将至少部分资源重新分配给军队。次优想定情景是，一个社会将几乎所有资源都分配给“黄油”，只当外部攻击迫在眉睫时才会去制造“大炮”。从长远来看，如果一个社会可以为了建设强大的经济实力而“先要黄油”，并只有在发现迫在眉睫的袭击时才会“后要大炮”，那么它就会比那些需要常备军队的社会更加强大。

“先要黄油后要大炮”的战略取决于战略预警。对于一个国家来说，要让和平时期的经济全面转变成战时经济，是需要一定时间的，而且如果情报并不可用，也没被用来推动国家层面的政策转变，那么在面对全副武装的敌人时，这个国家将发现自己只有“黄油”，以及些许半成品的“大炮”。

罗马帝国得以存续好几个世纪，部分原因在于它可以提供有效的战略预警。在罗马时代，情报的传递速度只能和行军部队一样快，因此当十万波斯大军翻山越岭，攻向罗马帝国边境的某个村庄之际，罗马方面却没有收到任何事先预警也就不足为奇。这种缺乏战术预警的情况意味着帝国手中可以调动的部队是严重不足的，但当这种情况发生时，预警可以传遍整个帝国。这一战略预警会让帝国重新分配资产以应对威胁：或是沿着养护良好的道路，从偏远地区集结军团，或是从邻近地区的民众中征兵或将其

[1] 想定情景（scenario），又作“情景”或“想定场景”，是计划、设想或预期可能发生的情况、事件、背景等。——译注

武装成部队。既然有能力对常备军进行重新分配，或是从“黄油”转变为“大炮”，就意味着帝国认为，与所承担安全责任的收益相比，整个帝国在税收方面付出的代价微不足道。

相比之下，19 世纪的欧洲各国无法采取“先要黄油后要大炮”的战略，因为早在某国有望从零开始组建军事力量之前，侵略军已经凿穿整个国家。在那个时代，预警情报需要在其他国家境内搜集，以跟踪这些国家的军备建设情况。如此一来，就需要在欧洲全境部署常备军，而这便是一种“既要大炮又要黄油”的战略；每个国家都在借助这种战略，尝试掌握战术预警能力，以便能够迅速召集一支足够庞大的军队，击退敌方进攻。

二、信息时代与预警情报的终结

第二次世界大战之前，美国一直有能力以类似罗马帝国的方式提供战略预警。美国在美洲不会面临威胁，于是美国海军在周边海域部署了一种“绊网”，就像罗马帝国在边境地区部署的罗马军团那样。就位之后，这个系统只需使用动态情报，即可动员力量，针对威胁作出适当的响应。这种做法让美国有能力采用“先要黄油后要大炮”的战略，可以一直保持非军事形式为主体的经济，只在国家受到威胁时才会动员起来。从这个意义上讲，珍珠港是战术突袭，但并不是战略突袭。这场袭击对美国太平洋舰队造成严重的损害和破坏，然而考虑到太平洋幅员辽阔，这次袭击起到战略预警的作用，因为它为美国敲响了“警钟”，让美国的战略从“黄油”转变成“大炮”，为其提供了足够充裕的时间，去应对日本和轴心国不断扩大的威胁。

尽管在珍珠港遭遇了极其严重的战术突袭，但美国本土从未处于重大危险之中，这是因为美国有能力以极快的速度，迅速从着眼国内的非军事经济转变成放眼世界的军事强国。美国周围海域极其辽阔，这意味着实施战略预警并不十分困难。战略预警总是在暗示遥远的威胁——这个“遥远”可以是空间意义上的，也可以是时间意义上的。但对仍然记得珍珠港事件的人们来说，在其有生之年，这个问题已经发生两次重大的变化——随着世界进入信息时代，空间和时间全都“收缩”了。对美国来说，不仅战略预警，甚至连战术预警都几乎彻底消失了。

美国预警情报能力遭受的第一次重创便是苏联发射的人造卫星。一旦苏联掌握相关技术能力，可以制造和使用洲际弹道导弹，能够搭载核弹头并且命中目标，那么从这一刻起，从功能意义上讲，整个世界的面积将缩小至18世纪的欧洲那般大小。能够威胁美国的军事力量位于苏联境内，因此几乎是不可见的，而且预警时间只有几分钟。这意味着美国再也不能秉承“先要黄油后要大炮”的战略思维，并且导致了一场军备竞赛，类似19世纪初英国、法国、普鲁士和奥地利之间的那场军备竞赛，只不过当时常备军才是时代的主流。即使苏联远在半个地球之外，但当导弹飞越北极之际，便只有20分钟的路程。大规模杀伤性武器加上远程投放系统（也就是搭载核弹头的导弹），永远地改变了战争和预警情报。

在大规模杀伤性武器的世界，我们的“战略武器”和“战略空军”实际上只掌握了战术预警，即在当今时代使用现有可用资源作出响应的能力。这给美国敲响了警钟，因为我们之前认知中的战略预警已经不复存在。在冷战时期，卫星对导弹发射井和军队行动开展监视，这让战术预警成为可能，但真正意义上的战略预警却消失了。美国现在需要维持一支庞大的常备军队，这种做法在该国历史上还是第一次，也就是说，从“先要黄油后要大炮”的战略，转变为成本更加高昂的“既要大炮又要黄油”的战略。

美国预警情报能力遭受的第二次重创发生在2001年9月11日。恐怖袭击来自美国本土，但下达指令的却是远在半个地球之外的恐怖组织，这意味着在“9·11”事件之后，时间缩短了，正如在苏联人造卫星之后空间缩小了一样。这次的警钟使人们意识到，根据一直以来的定义，战术预警也消失了。战术预警一直都是依靠监视敌方军事力量的动向，以及一直依靠部署动态资产等做法去应对威胁。然而，如果威胁是美国人在美国本土使用美国资产呢？在这样一个世界，在全球任何地点下令发动的攻击，几乎可以出现在任何地点及任何时间——而且就在几分钟前，这些资产本身还是平和的。于是，就连战术预警的基础也被彻底粉碎了。

此外，在信息时代，民族国家的概念已经模糊不清，跨国公司和机构有时与它们所在的国家一样强大。因此，如果恐怖组织和联盟并不具有民族性质，而且可以在宗教与政治属性之间切换，那么在这样的世界，针对某个国家搜集的情报，往往会具有误导性或是不具有相关性；除非再搜集关于该国与其他国家乃至与跨国公司和组织之间进行交互活动的相关情报，再将这些情报综合后加以研判，才会有所助益。

美国如今所在的后“9·11”世界，正处于信息时代的黎明时分，与珍珠港事件发生时的工业时代世界并不相同，而且这种差异极大，远远大于珍珠港事件发生时的世界与罗马帝国时期的世界之间的区别。

在信息时代，美国情报界面临前所未有的挑战：

- 在一个大规模杀伤性武器的世界，远在半个地球之外的大规模攻击可以在几分钟后发生，这时应当如何提供战略预警？
- 在一个恐怖主义的世界，几分钟前看起来还是相当平和的敌人，会于几分钟之后在美国境内发动袭击，这时应当如何提供战术预警？

这要求我们彻底重新思考关于预警情报的含义。

三、信息时代的预警情报

1972 年，美国国防情报局出版了辛西娅·格拉博的《预警情报手册》，国家情报大学又于 2002 年再版了其更新解密版本，取名《预判突袭：战略预警分析》。格拉博女士的研究奠定了相应基础，让人们可以据此编纂关于预警情报和战略预警的理论。笔者撰写本书的目的便是以她的观点为基础，指出处于信息时代黎明中的预警情报，与她在冷战最激烈时期撰写初版时是一样重要的，甚至更加重要。然而，技术变革从空间和时间意义上缩小了这个世界，同时也改变着情报的本质。因此，笔者将大量借鉴格拉博女士的观点——有时是重申关于预警情报的永不过时的经验教训，有时是指出需要在她的工业时代的论点上，添加信息时代的内容。

> 战略层面的预警情报有时也被称为“征候情报”（indications intelligence），很大程度上是二战之后出现的。更确切地说，它是冷战初期出现的，因为就在这时，我们开始意识到苏联和其他共产主义国家走上了一条不利于自由世界的利益和安全的道路，并可能因此采取突袭性行动或公然侵略。二战中敌人采取的行动，比如 1941 年日本偷袭珍珠港，打破了许多关于战争开始方式的传统或历史概念。人们担心美国的敌人会再次在没有事先宣战或其他常规预警的情况下，悍然发动毁灭性的军事突袭行动，而且现在这种恐惧已经变得非常真实。现代武器和远程投放系统的出现，进一步增加了发布预警以避免突袭的必要性。[1]
>
> ——辛西娅·格拉博的《预判突袭：战略预警分析》

格拉博女士在上文指出，“预警情报”的出现，正是针对战略预警的旧有范式已被打破，海洋无法继续充当绊网的情况作出的响应。在过去，我们可以承受突然袭击造成的损失。虽然珍珠港事件在战术意义上是毁灭性的，但在战略意义上却不是毁灭性的。事实上，负责偷袭珍珠港的日本舰队司令山本五十六已经意识到该次袭击中的战略错误，因为他说过：“我们刚刚唤醒了一个沉睡的巨人。”在大规模杀伤性武器的时代，即使战术突袭也是不能容忍的，因为哪怕只用一枚生物武器或核武器发动的一次袭击，后果很可能就比多个珍珠港事件加在一起还要糟糕许多。

---

[1] Cynthia M. Grabo, *Anticipating Surprise: Analysis for Strategic Warning*, ed. Jan Goldman (Washington DC: Joint Military Intelligence College's Center for Strategic Intelligence Research, 2002), 1.

在一个不对称战争的时代，我们的国家安全和福祉可能会面临敌对组织和国家的严重威胁，因此当务之急就是不能忘记过去的教训，而且必须铭记至今，另外还必须重振预警这门科目。预警情报与长期评估的准备工作和动态情报等都有很大不同。它承认关于突然性和不完整情报的假设，并要求对它们进行详尽的研究，以便能够实际发布具体预警。[1]

——美国国防情报局前局长，空军退役中将

詹姆斯·威廉斯（James Williams）

新成立的分析处负责处理我们的分析，将其从描述性评估转变为复杂的判断性分析，以找出漏洞，为政策制定者和战斗人员提供选项。[2]

——美国国防情报局前局长，海军中将

洛厄尔·雅各比（Lowell E. Jacoby）

以预警为导向的情报反映出一项迫切的需求，那就是不允许存在突然性，而且这项需求在大规模杀伤性武器问世之前从未有过。笔者所说的“不允许存在突然性”，是指分析人员必须能够提供足够详细的判断，并附有支持报告，好让战斗人员和政策制定者能够预测潜在敌人的行动，并且及时采取行动以支持美国的利益。简言之，信息时代的分析人员有责任为战斗人员和政策制定者提供选项，也就是根据敌人有能力做到什么事情，预测如下情况：敌人很可能会以什么方式采取行动？我们可以采取什么行动，以制止或改变敌人的行动，或是对其作出响应？这些行动可能产生什么后果？

要想做到这一点，信息时代的预警分析人员在窥视未来时，对精细度

[1] LTG James Williams (Ret.), USA, Former Director, Defense Intelligence Agency, quoted in Cynthia M. Grabo, *Anticipating Surprise: Analysis for Strategic Warning*, ed. Jan Goldman (Washington DC: Joint Military Intelligence College's Center for Strategic Intelligence Research, 2002), iii.

[2] VADM Lowell E. Jacoby, Director, DIA, as posted on the Director's Intelink home page, February 2003.

的要求更高。信息时代的分析人员并不是使用“哪个城市或军事基地存在威胁”这种描述向战斗人员提供目标情况，而是必须有能力通知战斗人员，让他知道远在半个地球之外的哪个建筑里有核装置或生物武器发酵罐，好让他可以用一枚智能炸弹或巡航导弹去破坏这个设施，同时将附带损害降至最低。信息时代的分析人员并不是向政策制定者笼统地描述某个国家的大规模杀伤性武器能力，而是必须能够以确切方式通知政策制定者，告诉他该国具体是在哪里采购用以制造核武器或生物武器的材料的，好让他能够在这些武器组装之前采取外交手段，阻止这些材料的运输活动。如果工业时代的分析人员数错了一艘航空母舰或一辆坦克，确实不会对战争进程造成太大的影响，也不会左右旨在降低战争爆发风险的政策；如果信息时代的分析人员评估后认定某个国家没有核武器，但事实上他们确实拥有一两件，结果可能就会是毁灭性的。

第 2 章
从动态情报到预警分析

面对大规模杀伤性武器和恐怖主义，人们需要一种新的战略预警。我们应当如何重新思考关于情报的假定，以便重新定义提供战略预警的方法论？

一、理解动态情报与预警情报不同

随着过去半个世纪取得的大规模技术突破，情报搜集和力量投放的能力得到提升，情报循环的步伐也变得更快。这样一来，搜集并报告动态情报的工作就变得更加重要。辛西娅·格拉博认为动态情报与预警情报是不同的。

随着情报搜集工作变得愈发繁复、臃肿和昂贵，以及用于快速报告和在整个情报界交流展示最新信息的设备成倍增加，我们必须小心谨慎，不能忽视预警的真正意义：最优秀的可用分析头脑对所有可用征候进行详尽客观审查，以此为基础作出深思熟虑的判断，且能够使用具有足够说服力的语言充当载体并传递给政策官员，使之相信这种判断的有效性，并采取适当的行动去保护国家利益。[1]

她进一步指出，动态情报和预警情报的要求有很大的不同，主要体现在速度和方法上。

关于预警最普遍的一种误解，很可能就是认为最新信息必然是最重要的，或是认为如果搜集工作可以提速，信息能够更快地被传递给更多的预警中心，那么预警的质量就能得到保证（或至少更有可能得到保证）。这种做法的关注重点是信息的流通，其影响可能是双重的：它往往会让长期的基本情报和深度分析等职能，面临人员分配数量减少和声望下降等损失；它往往会让人忽视对征候进行的累积分析，转而关注战情室里的图表或展示板上的最新信息。这只是第一步，由此开始，人们将要接受的一种观点是：敌人此刻正在做的事情，便是关于其意图的最重要征候，而且超过 24 小时的信息是没有价值的，或者至少对预警来说没有什么价值。但这并不是战略预警，因为过度关注动态信息的做法，往往会掩盖潜在敌人的长期战略行动的重要性。[2]

格拉博女士的观点非常明确。我们建立了可以提供动态情报的组织，但这种做法阻碍了我们提供预警的能力。为了看清未来的道路，我们必须强迫自己以完全违背自己习惯的方式开展思考——不要看我们生产情报的**速度有多快**，而要看我们生产情报的**质量有多好**。对于冷战时期两极分化的世界来说，她的意思非常明确：在大规模杀伤性武器和恐怖主义的多极世界，更需要重新思考我们是如何思考情报的。

---

[1] Cynthia M. Grabo, *Anticipating Surprise: Analysis for Strategic Warning*, ed. Jan Goldman (Washington DC: Joint Military Intelligence College's Center for Strategic Intelligence Research, 2002), 169.

[2] Cynthia M. Grabo, *Anticipating Surprise: Analysis for Strategic Warning*, ed. Jan Goldman (Washington DC: Joint Military Intelligence College's Center for Strategic Intelligence Research, 2002), 164.

预警是累积的，而不仅仅是动态的。情报报告必须始终加倍当心，要确保用户了解这种累积性背景，认识到能让我们了解可能发生事件的征候会有很多，最新征候只是其中的一种……最好的预警分析是对所有信息进行详尽且持续审查后的产物；这些信息最早可以追溯到几周或几个月之前，且与当前形势相关。另外要想生成这种分析，必须对潜在敌人的目标、学说、实践和组织等情况有着扎实并且根本性的了解……大多数危机的根源都可以追溯到遥远的过去，而且比我们通常以为的更加遥远，但直到危机爆发之后才会被人发现。只有在明确确实存在威胁之后，我们才会发现那些为战争或可能发生的战争所做的准备，往往是可以追溯到几个月之前的，正是在此时，那些收到时看似存在问题、不可靠甚至荒谬的信息，突然就可以与当前形势产生极深的关联，但前提是分析人员保存了这些信息，并将其放在动态模型中开展分析。此外，几个月前收到的信息（因此几乎不会是动态情报）可能具有极高的价值。某个指标不会因为它发生在几个月前，但你今天才发现，所以就是无用或无效的；它可以说明，敌人为冲突所做的准备远比你所以为的更加广泛，也更加繁重。[1]

在冷战期间，预警情报要求“追溯到几周或几个月之前”。而在大规模杀伤性武器和恐怖主义的世界，预警情报需要追溯到“几年或几十年之前”。就大规模杀伤性武器而言，“为冲突所做的准备”往往在冲突爆发的几十年之前，也就是这个国家决定开始制造大规模杀伤性武器的时候，就已经开始了。就恐怖主义而言，“为冲突所做的准备”可能在冲突爆发的几十年之前，也就是一个超级大国已经撤军，那些与这个大国作战的势力认为该国肯定已将敌意转向另一个敌人的时候，就已经开始了。

令人颇感遗憾的是，“战略预警”这个术语并没有一个公认的定义。

[1] Cynthia M. Grabo, *Anticipating Surprise: Analysis for Strategic Warning*, ed. Jan Goldman (Washington DC: Joint Military Intelligence College’s Center for Strategic Intelligence Research, 2002), 164, 5-6.

> 在预警情报世界工作的人，通常会认为战略预警是相对长期的，或认为它是预警系统应当提供的那种“尽可能早的预警”的同义词。因此，战略预警可以提前几周甚至几个月发布……“战术预警”更容易定义，尽管其含义的头顶仍然笼罩着些许阴影。严格定义的话，战术预警并不是情报部门的职能（至少不是国家层面情报部门的职能），而是作战部门的关切。这种预警是直接提供给前线指挥官的……[1]

但在今天，处处皆是前线。因此，笔者建议对术语进行重新定义。“战略”反映的是一种需求，需要在大炮与黄油之间调动和（或）重新分配国家资产。“战术”反映的是一种响应，是利用手头现有的资产所能作出的反应。“预警没有实体，是一种抽象，一种理论，一种演绎，一种感知，也是一种信念。它是推理或逻辑思考的产物。它也是一种假设，但其正确性既不能被证实，也不能被证伪；而当可以证实或证伪时，为时已晚。”[2]

预警是对未来的预测，是把过去和现在的指标与关于未来的模型进行匹配。因此，预警严重依赖关于世界是什么以及如何运行的模型或心理意象。建立模型需要进行分析。笔者认为，我们必须比格拉博女士提出的观点更进一步，指出预警情报其实就是**预警分析**。预警分析人员的主要目标是建立一个关于世界，即关于我们自己、我们的盟友和我们的敌人的模型，具体做法是向动态情报分析人员提供背景资料，让他们可以据此分析新的报告和观察结果。

我们在导航时，会将观察结果与地图进行比较，以确定最优方向。如果没有高度精确的地图提供导航，我们使用的高速“智能”武器就是毫无用处的，然而制作精确地图是一个缓慢而且非常烦琐的过程。同理，如果

---

[1] Cynthia M. Grabo, *Anticipating Surprise: Analysis for Strategic Warning*, ed. Jan Goldman (Washington DC: Joint Military Intelligence College's Center for Strategic Intelligence Research, 2002), 4.

[2] Cynthia M. Grabo, *Anticipating Surprise: Analysis for Strategic Warning*, ed. Jan Goldman (Washington DC: Joint Military Intelligence College's Center for Strategic Intelligence Research, 2002), 4.

没有关于敌人的高度精确的“地图”，我们提供的高速情报也是毫无用处的。动态情报分析人员需要精确的“地图”，但它需要预警分析人员去建立和维护。

我们需要分析，也需要建立概念“地图”，这些需求反映的正是美国空军约翰·博伊德上校提出的见解，而他关于战斗的观点正在改变我们开展行动的方式。博伊德上校最著名的作品就是《论胜负》，是他将自己的多份简报汇编成册的结果。在此书中，他提出并阐释了“观察—定位—决策—行动”循环（Observation-Orientation-Decision-Action Loop，以下简称 OODA 循环）。[1]

知识窗

- 关于快速瞬变（fast transient）的观点指出，为了取胜，我们开展行动的速度或节奏应当比敌人更快，又或者，更好的办法是进入敌人的 OODA 时间周期或循环。
- 原因何在？此类活动将使我们显得晦暗不明（不可预测），从而让敌人感到混乱和无序，因为敌人在对抗我方的瞬变时，将无法生成可用的心理意象或图像，原因是我方瞬变的节奏或模式的威胁性比他们更强，速度也比他们更快。[2]

博伊德上校认识到作战（决策和行动）的重要性，同时也强调情报（观察和定位）的必要性。笔者认为，不论格拉博女士的“预警分析”还是博伊德上校的“定位”，都是通过建立概念“地图”或模型的做法来处理战略预警需求，只是方法不同而已。因此，笔者将大量借鉴博伊德上校

[1] Col John R. Boyd, *A Discourse on Winning and Losing*, Collection of un-numbered briefing slides, August 1987.

[2] 博伊德在简报时会使用幻灯片。幻灯片展示（或省去）的内容，以及文本在幻灯片中出现的位置等，与文本内容是一样重要的。因此，本书只要使用博伊德的完整幻灯片，就会以“知识窗”的形式展示。

关于决策循环，也就是 OODA 循环的阐述，以此指明前进的道路。

> ……人们认为，谨慎且可取的做法是配备征候或预警专家，但愿他们不会像动态情报分析人员那样，被那些相互冲突的要求弄得不堪重负或分散精力，而是能够将自己的精力完全集中在潜在征候及对其开展的深度分析上。
>
> 在此流程中，必须以最勤奋且最细致的方式去汇编和分析事实，即潜在或可能的事实以及其他征候。必须对预警展开详尽研究，这项工作的重要性无论怎么强调均不为过。纵观历史，在每一次重大预警危机中，通过事后分析都会从中发现许多具有相关性的事实或信息。虽然这些事实或信息都是可用的，但由于种种原因，当时人们开展评估却并没有予以考虑。[1]

动态情报分析人员像是新闻记者，而预警分析人员更像是历史学家或科学家。如果记者发现报道内容是复杂问题或高度技术化的问题，就会寻求历史学家或科学家提供背景资料。情报界也需要专门的预警分析人员来提供这种背景资料。

> 美国情报部门是一台强大的机器，能够针对许多主题展开令人叹为观止的搜集和分析，那么在预警这种工作背景下，它为何无法开展必要的研究？……有两个显而易见的难点，它们会妨碍研究工作的展开，也会阻挠具有相关性的事实浮出水面。
>
> 建立情报研究系统的目的，主要是为了分析某些特定类型（它们被称为情报“科目”[discipline]）的信息，而且会有或多或少但源源不断的相关材料流向这些科目……但在危机态势中，大量新的材料会突然涌入系统。为了应对这种情况，各个情报机构往往会成立特别工作组，分析人员

---

[1] Cynthia M. Grabo, *Anticipating Surprise: Analysis for Strategic Warning*, ed. Jan Goldman (Washington DC: Joint Military Intelligence College’s Center for Strategic Intelligence Research, 2002), 7, 9.

也会加班加点，试图处理这个问题的所有方面……

在最需要沟通的时候，沟通却会因为时间不够而中断。

更加让人难以察觉的可能是那些不太明显但又迫在眉睫的危机。在这种危机中，事态动向之间的相互关系并没有十分明显，在可能涉及两个或两个以上的较大地理区域时更是如此。在这种情况下，如果情报事项来自两个不同的地区，特别是如果它们在当时看起来相对不明朗或是存疑，可能根本没被汇总在一起，那么这时开展研究的难度就会大大增加。

我们应当设立若干彼此独立的征候办公室，或是聘用预警分析人员，此举最大的理由就是让他们可以投入全部时间去开展深度研究，不会因为必须履行其他许多职责而分心。预警分析人员永远不应忽视的事实是，这正是他自己存在的理由。即便考虑了所有事实，仍然很难作出合理的预警判断；但如果不去考虑，更是完全不可能。[1]

预警情报不仅需要针对敌人开展持续并且详尽的分析，还需要详细了解这个敌人是如何与其他国家（它的盟国和敌国）开展交互的。简言之，预警分析人员的首要责任是定位。要想详细了解，就不能将资金或资产倾注于某一个问题，然后换到下一个问题，而是要对交互和趋势保持持续的关注，即使没有危机时也是如此。如果只在问题变成危机之后才予以关注，那么情报界将永远处于“危机管理”模式。

二、预警工作的意义

有这样一条军事箴言，它历史悠久，至今仍被频繁引用：情报不应估

[1] Cynthia M. Grabo, *Anticipating Surprise: Analysis for Strategic Warning*, ed. Jan Goldman (Washington DC: Joint Military Intelligence College's Center for Strategic Intelligence Research, 2002), 10-11, 12.

计敌人的意图，只应估计敌人的能力。有时这条箴言可以拓展一下：我们可以判断他的能力，但不能判断他的意图。[1]

在大规模杀伤性武器和恐怖主义的世界，应当分析能力而不应当分析意图，这并不是一件可以随意选择的事情。在大规模杀伤性武器这个问题上，具有威胁性和不具有威胁性的两用设施之间的唯一区别就是意图。在某些情况下，疫苗厂与生物武器制剂制造厂之间的唯一区别是，疫苗厂使用疫苗菌株微生物并将其装在小瓶之中，而生物武器制造厂使用同一种微生物的强毒菌株，并将其装入大型弹头当中。铀浓缩工厂可以提供反应堆燃料所需的低浓缩铀，也可以提供制造核弹所需的高浓缩铀。化工厂可以提供杀死昆虫的致命杀虫剂，也可以提供杀死人类的致命化学物质。恐怖组织有可能利用良性的生物、化学或核设施，获取用于制造大规模杀伤性武器的致命材料。在大规模杀伤性武器和恐怖主义时代，我们必须“判断他的意图……不同于动态情报文件，随着时间推移，优质预警文件的价值可以越来越高”。[2]

我们了解的历史越多，就越能预测未来。我们越是了解和理解敌人过去是如何对许多不同的问题作出响应的，就越能进行“定位”，从而对其当前意图和未来行动作出判断。我们不但必须能够持之以恒地培训并留任预警分析人员，还必须能够利用情报界许多不同情报库中的所有历史数据，以求捕捉它们当中包含的指标，以及捕捉预警分析人员基于这些数据已经作出的模型和判断。“能够针对表面上看起来并不相关的事件和报告，感知它们之间的联系，或者至少是可能存在的联系，这一能力是预警流程

---

[1] Cynthia M. Grabo, *Anticipating Surprise: Analysis for Strategic Warning*, ed. Jan Goldman (Washington DC: Joint Military Intelligence College's Center for Strategic Intelligence Research, 2002), 17.

[2] Cynthia M. Grabo, *Anticipating Surprise: Analysis for Strategic Warning*, ed. Jan Goldman (Washington DC: Joint Military Intelligence College's Center for Strategic Intelligence Research, 2002), 32.

中非常重要的组成部分，但人们给予的关注却可能几乎为零。”[1]“9 · 11”之后，人们开始普遍认识到，我们需要“连接各点”。但格拉博女士早在30 年前就已经明确指出了这一点。

然而，在大规模杀伤性武器和恐怖主义的世界，我们必须更上一层楼。建立模型时，如果仅仅连接这些点，那么模型只能告诉我们这些连线现在是什么。在现实世界，这些连线并不是普通直线，而是向量——线上还有箭头，可以指向未来。

> 如果我们想要评估敌人的能力，就“连接各点”。如果我们想要评估敌人的意图，我们需要“定位箭头”。

因此，笔者提出的建议是，我们需要深入思考辛西娅 · 格拉博在探讨预警情报需求时提出的令人信服的论点，另外笔者认识到，随着世界走出冷战，进入信息时代，她的论点已变得更加重要。我们还需要深入思考博伊德上校提出的 OODA 循环，并了解理性决策（循环中的“定位”阶段）所需的输入正是由预警分析人员负责提供的。我们需要找到新的方法，好让预警分析人员能够“连接各点”，以及“定位箭头”，从而提供一个深思熟虑后得出的世界观，供动态情报分析人员以此为基础开展评估工作。但是，这些预警分析必须赶在危机爆发之前准备完毕……因为一旦有国家或恐怖分子使用大规模杀伤性武器来引发危机，届时一切就都太迟了。

美国的政策制定者或国会各委员会几乎不会抱怨说，情报部门没有对敌人的能力作出充分的评估，即使事实确实如此。批评意见几乎全都是“你并没有告诉我这件事将会发生。我们没有在（情报）的引导下预料到这一点，结果因此遭到‘突袭’”，又或者是“你的意思是，尽管在（情

[1] Cynthia M. Grabo, *Anticipating Surprise: Analysis for Strategic Warning*, ed. Jan Goldman (Washington DC: Joint Military Intelligence College’s Center for Strategic Intelligence Research, 2002), 38.

报）搜集上花费了数百万美元，但你却不能告诉我们这件事很可能会发生”等话语……人们在判断美国情报界的能力时，最终往往只看它对可能发生事件所做的预测是否准确。事实上，这正是预警工作的意义所在。[1]

---

[1] Cynthia M. Grabo, *Anticipating Surprise: Analysis for Strategic Warning*, ed. Jan Goldman (Washington DC: Joint Military Intelligence College's Center for Strategic Intelligence Research, 2002), 18.

第 3 章
从牛顿思维到量子思维

军事事务革命[1]是技术的新发展促成的，而这些新发展最终不仅改变了战略和作战行动，也改变了组织。我们目前战略和组织的基础，都是使用牛顿思维打造的工业时代技术。信息时代战略和组织的基础必须是量子思维。

和情报的目标一样，科学的目标也是预测未来。

一、牛顿科学曾在工业时代改变社会

牛顿发现了物理定律，又发明了微积分这个可以描述物理系统的数学系统，这些东西带来了可以定义工业时代的技术革命。我们有能力打造工程奇迹，无论是建造汽车、核武器还是洲际弹道导弹，但这种能力的基础是我们有能力对物理系统进行定量建模，从而预测在我们启动这些系统并

---

[1] 军事事务革命（Revolution in Military Affairs，RMAs），一般称军事革命，又称“新军事革命”。这里处理为“军事事务革命”，是为了与“军事技术革命”和“军事文化革命”相比较并突出各自特点。——译注

> 拟定用以开展预警情报的新方法时，依据的并不是牛顿思维，而是量子思维。

让它们开始工作之后，它们将会做些什么。

物理科学中的牛顿革命带来了军事事务革命。军事事务革命的基础是新的先进工程技术，而我们关于物理和化学的知识已经实现了这一点。在农业时代，军队装备的是手工制造的滑膛步枪，精确射程是45米左右，可以在有效射程之外编队并装上刺刀，然后朝着固定阵地冲锋，消灭某个固定不动的敌人，不让他们有机会重新填装弹药，杀死杀伤大量己方进攻士兵，以及击退本次冲锋。在工业时代，军队装备的是批量生产的膛线步枪，精确射程可达数百米，而且这项新技术还彻底改变了陆地上的战争。罗伯特·李（Robert E. Lee）下令对葛底斯堡发起皮克特冲锋时发现，手下进攻部队面对的是射程远超己方的敌方密集火力，甚至在到达固定阵地前就会被后者消灭殆尽。尤利西斯·格兰特（Ulysses Grant）让半岛战役中的陆战发生了革命性的变化，因为他深知一支规模更加庞大、装备更加精良的部队，可以向突破口大量投放资源，以此取得胜利，因为在堑壕战这种类似绞肉机之中，哪支部队能够在最长的时间里投入最多的武器，哪支部队就能获胜。

这种陆战模式在第一次世界大战中盛极一时，但被纳粹德国的闪电战所击溃，因为后者将坦克、飞机和更加优质的通信等要素整合在一起，形成了一种新的机动战模式。在这些革命中，以及在由导弹、大规模杀伤性武器和智能炸弹等发明驱动的当前军事事务革命中的陆战领域，技术变革使军队能够更快、更远或更准地进行射击，已成为现实世界战场上的主宰。

工业时代军事事务革命的基础是牛顿思维，以及能够模拟具有可预测特征的物理系统，从而驾驭物理世界的能力。工业时代的情报也在沿着类似的路线向前发展。敌人是否有能力击败一支军队，主要取决于这个敌人能够制造和部署的武器的数量和类型，因此工业时代的分析人员能够提供的最重要信息，就是敌人武器的数量、类型和位置。工业时代的情报分析人员更关注敌人的能力，而不是意图。

工业时代战场优势的基础是物理优势——既有能力比敌人投入更多且更先进的技术，也有能力知道敌人的技术优势到底是什么。

科学中的牛顿范式在 20 世纪初开始瓦解，因为人们发现能量是离散或量子状态的，即不是连续的。在接下来的一个世纪，科学中的多个领域都在经历变革，而且这些变革几乎都与牛顿物理彻底无关。分别是：

- 量子物理的革命让人们开始建造核反应堆，制造核武器。
- 有机化学的革命让人们开始打造塑料和制药工业，制造化学武器。
- 生物学的革命让人们推动基因工程的问世，让人们开始制造新型生物武器。
- 硅化学的革命带来了微芯片和计算机的革命。

虽然牛顿物理的知识对工业时代的所有工程革命来说都是至关重要的，但在这些新革命里，没有任何一个是牛顿物理或基于微积分的牛顿建模方法推动实现的。原因在于所有这些的基础都是量子概念，也就是认为世界是由原子、分子、有机体或电子等离散的可数物体构成的；而牛顿在发明微积分时，却假设它们都是连续的存在。

二、量子科学将在信息时代改变社会

笔者认为，正如牛顿科学曾在工业时代改变了社会一样，量子科学也将在信息时代再次改变社会。战争中的每一次范式转移（paradigm shift）都会经历三个阶段：一是军事技术革命（MTR），这时新技术所能提供的优势已经超过了旧技术；二是军事事务革命，这时新的战略和作战概念将充分利用新技术；三是军事文化革命（RMC），这时作战概念和技术将被整合到新型组织当中。批量生产的膛线连发步枪引发了军事技术革命，进而引发了堑壕战的军事装备革命，最终引发了军事事务革命，让军队彻底重组，以便能够使用这种方式作战。

千里之行，始于足下。

——中国谚语

我们正站在量子思维引发的信息时代范式转移的门槛之上，而且它很可能远远大于牛顿思维引发的工业时代范式转移。除非一个人知道千里之行的目标到底在哪儿，否则他在开始千里之行时，并不知道第一步到底该走哪条道路。同理，除非我们能够把目光放在此次范式转移之外，看到两代人之后的世界可能会是什么样子，否则我们就无法真正定义到底应该以怎样的方式去转变我们的战略、作战概念和组织，并以最好的方式去利用信息时代的技术。需要做到以下两点：一是理解什么是范式转移，以及一种文化如何才能把眼光放在这种转移之外；二是理解牛顿思维与量子思维之间的根本区别，这种区别使得牛顿物理和微积分在量子物理、有机化学、生物学和计算机科学等学科当中几乎完全没有用武之地，也因此在这种新范式所生成的关于核、化学和生物武器以及计算机等的分析中几乎完全没有用武之地。

第 4 章
范式转移：当未来不再是过去模样

在范式转移的流程中，一个人提出相同的问题，将会得到不同的答案。这种差异取决于此人对世界所做的底层假定。因此，我们必须重新检查关于所有范式的假定，这样才能知道何时可以准确地使用某个范式。

未来不再是过去模样了。

——尤吉·贝拉[1]

不久前，一位敏锐的历史学家研究了这样一个经典的案例，因为它是科学借用范式转移的方法来进行重新定位，于是将其描述为“拿起棍子的另一端”，而这个流程是“处理和以前一样的数据包，但却是为它们提供一个不同的框架，将其置于一组新的相互关系之中”。其他学者也注意到这方面的科学进步，他们强调指出它类似于视觉格式塔（visual gestalt）的变化：纸上墨迹开始被看成是鸟，后来是羚羊，又或者先是羚羊，然后

[1] 劳伦斯·彼得·贝拉（Lawrence Peter Berra），绰号“尤吉·贝拉”（Yogi Berra），美国职业棒球球员和教练。他曾说过许多有趣的言论，人称“尤吉语录”（Yogi-isms）。——译注

是鸟。但这种类比可能具有误导性。科学家不看其他东西，事实上他们只看方法本身。[1]

——托马斯·库恩（Thomas Kuhn）的《科学革命的结构》（*The Structure of Scientific Revolutions*）

在一场真正的范式转移中，世界发生了翻天覆地的变化。新范式支持者提出的问题与旧范式支持者提出的问题是相同的，但得到的答案却不同。于是，一场争论在这两个相互矛盾的范式之间展开；而且争论无法得到解决，因为范式最终取决于信念系统，永远无法被证明或证伪，只有相信或不信。

因此，要想跨越范式转移的鸿沟，就需要改变人们关于世界运行原理的信念，但这将是一项非常艰巨的任务。20 世纪初，量子物理开始推翻牛顿物理，此时这个问题变得更加严重。沃纳·海森堡（Werner Heisenberg）提出，牛顿思维与量子思维之间存在巨大差距，但可以通过尼尔斯·玻尔（Niels Bohr）的互补原理[2]加以跨越。玻尔互补原理的目的是把牛顿力学与相对论和量子理论统一起来；可是关于这件事情，大多数人都会觉得非常奇怪，甚至完全不可理解。因此，如果我们要想使用互补原理去达到最佳效果，就需要在更加熟悉的范例中予以使用。

一、如何理解范式转移

笔者将使用一个人们更加熟悉的例子，用它来解释什么是范式转移，以及互补原理是如何帮助我们去理解范式转移的。

[1] Thomas Kuhn, *The Structure of Scientific Revolutions* (Chicago, IL: University of Chicago Press, 1996), 85.

[2] 玻尔指出，构成完备经典描述的某些元素看似互相补充，实则相互排斥，需要使用不同的元素去描述原子现象的不同面貌。以光为例，光所具有的波动性和粒子性既是矛盾的，又是互补的，两者同时存在，互为补充，无法在验证一种特性的同时保证另一种特性不受到干扰或破坏。——译注

填空：

两点之间距离最短的是 ______________。

在下图当中，画出描述 N 点与 M 点之间最短距离的路径。

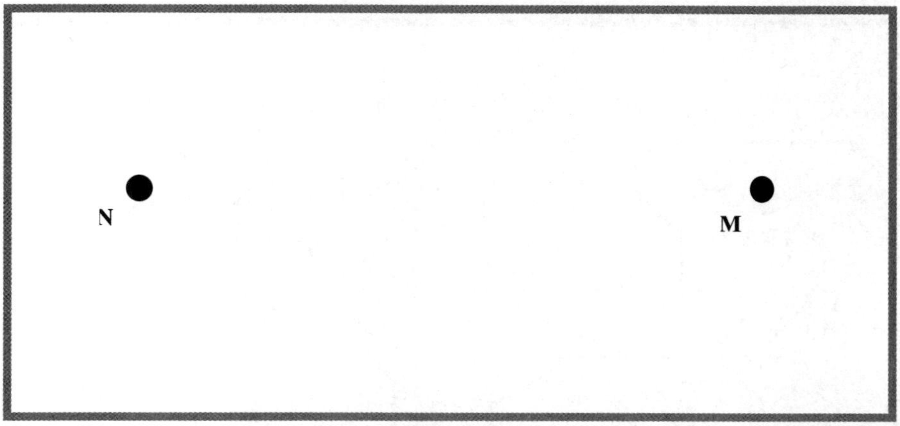

图4-1

除非你提前看过，否则笔者几乎可以保证你一定会在空白处画上**直线**，如下所示。

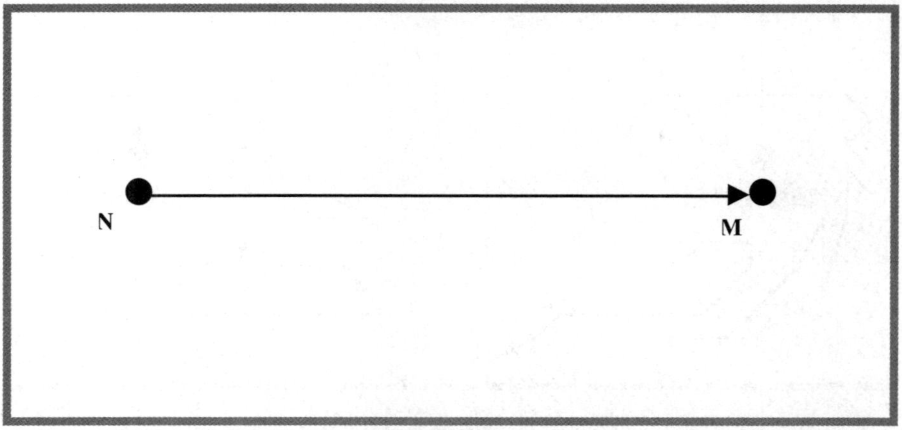

图4-2

在下面的地图当中，画出在冷战期间，如果美国空军导弹想让位于北达科他州的发射井与位于莫斯科附近的目标之间飞行距离最短，应当瞄准哪个方向。

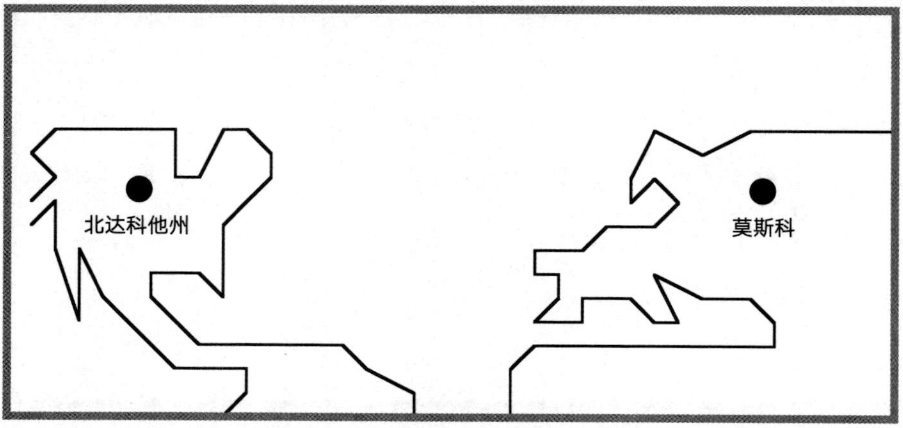

图4–3

你的答案可能如下图所示。

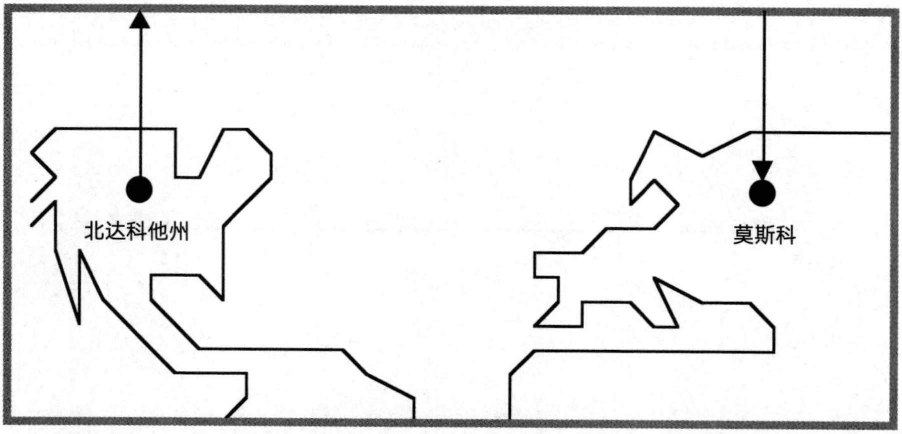

图4–4

只是将 N 和 M 点重新标记为北达科他州和莫斯科，路径的方向就从正东变成了正北，这是怎么回事？

答案当然很简单。在地球上，两点之间的最短距离是一个**圆弧**，而不是一条**直线**。

你认为第一个问题是个陷阱。这怎么会是陷阱呢？我们只是太习惯于在平面上画出几何图形，也就是欧几里得范式，因此我们从未想过在球体上画出几何图形的情况，而这就是非欧几里得范式。

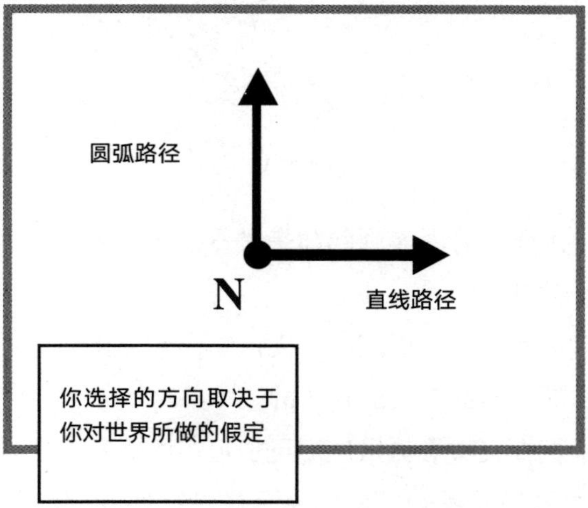

图4-5

或者，你可以从北达科他州出发，一路向东，最终抵达莫斯科。这是一种路线，它确实能让你到达目的地。但它不是最短路径。因此，如果地球真的像我们平常在墨卡托地图上描绘的那样平坦，那么向东就是正确答案。

圆弧和直线这两种范式都可以在各自的参考系中得到正确答案。因此，对于直线范式的支持者来说，向北就是错误的。当圆弧范式的支持者将导弹瞄准北方时，直线支持者就会摇头，不明白为什么前者会将导弹瞄准错误的方向。

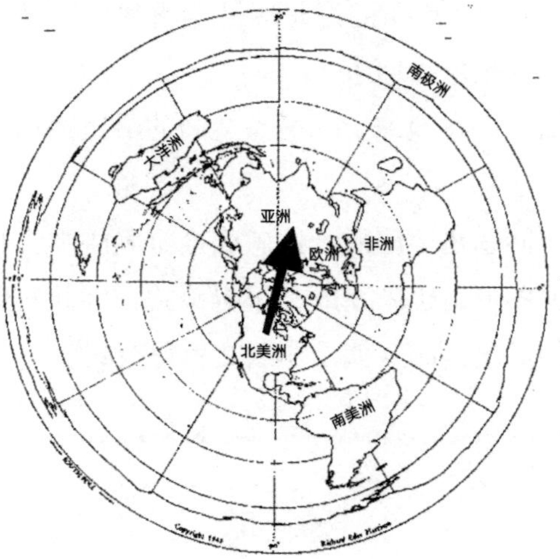

图4-6

另一方面，圆弧支持者看到的却是最直接的路线，因为他是以另一种不同的方式看待世界的。

另外，绝对不能折中。事实上，无论是向东还是向北都可以抵达莫斯科，但任何折中的方向都是无法到达的。

此外，如果直线支持者提出使用更加可控的实验，用这种方法来比较两种范式，比如从华盛顿到巴尔的摩，或是从纽约到波士顿，这时可以发现两种范式得到的答案实际上是相同的。（这就是为什么除了最远的海上航行或洲际飞行之外，航海员和飞行员都会使用平面地球墨卡托投影）。所以，直线支持者很可能会说："如果遇到非常重要的情况，但这时我却无法区分二者之间的差异，那我为什么还要费力去学你的圆弧范式？"

事实上，尽管我们知道地球是圆的，但在大多数情况下，我们都会使用直线平面地球范式。你会在汽车的前排储物箱里塞进一个地球仪吗？

范式转移有以下几种情况：一是一个人提出相同的问题，将会得到不同的答案；二是差异取决于基本信念，但基本信念是无法在这两种范式中证明或证伪的；三是如果关于两种范式的假定是不一致的，这时没有折中的答案；四是如果关于旧范式的假定与关于新范式的假定是近似的，这时两个范式可以给出相同的答案。

海森堡指出，两种范式没有理由彼此折中，除非它们发展到上文提及的第四种情况，也就是互补原理生效时的情况。更简单地讲，互补原理认为，要想让两种不同范式中的模型给出相同的答案，只有“关于两种范式的假定是具有可比性的”这种条件下才能实现。当一个人从纽约出发前往波士顿时，此小块区域在地球上的形状几乎就是一个平面，因此地球仪和平面地图几乎是没有差别的。只有当我们对平面几何和曲面几何的了解足够深入，能够看到平面几何是非平面几何中的一种极限情况时，我们才能欣然接受这两种范式。请看图 4-7，我们会认为圆弧路线其实比斜驶线这种恒定方向的路线更短，只是因为我们知道墨卡托投影这种平面几何只适用于球体表面与平面大致相同的小块地图。因此，我们可以不费吹灰之力地使用地图，而不必试着在前排储物箱里塞进一个地球仪，把圆弧路径留给空军、洲际航班飞行员和航海员就好了。

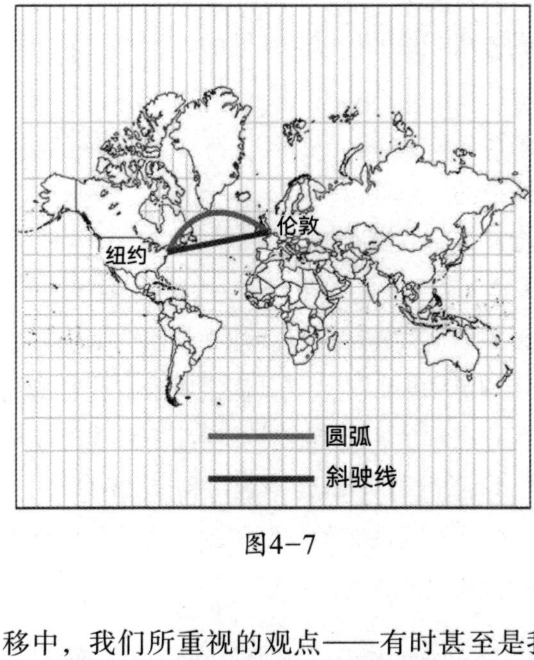

图4-7

在范式转移中，我们所重视的观点——有时甚至是我们认为是“事实”的观点，会在突然之间变成错误的，或是只在特定条件下有效。请思考以下范式转移，注意我们总是提出相同的问题，但有时会得到不同的答案，这不一定会彻底推翻旧的范式，但会限制它的适用范围。互补原理让我们能够看到极限状态下的旧范式，将以怎样的方式被包含在新范式之中，并与之形成互补。只有通过使用互补原理，我们才能轻松地使用新旧两种范式。

旧：地球是**平的**。

新：地球是**圆的**。

互补条件：当地图上区域的面积很小，因此在地球仪上的部分几乎与平面无异时，地图就几乎和地球仪一样精确。

旧：**太阳**围绕**地球**旋转。

新：**地球**围绕**太阳**旋转。

互补条件：肉眼观察天空时，托勒密方法所能提供的计算，几乎与使用哥白尼和开普勒方法开展的计算是相同的。

旧：原子是**不可分的**。

新：原子是**可分的**。

互补条件：参见玻尔和海森堡……

因此，在理解一切范式转移时，我们必须回到关于新旧范式的基本假定上来，这样才能理解如果旧范式受其假定所限，此时新范式将如何才能提供有用的答案。只有看到它们是在什么情况下表现出互补性时，我们才能正确加以使用。库恩指出："决定拒绝一种范式的同时，必然会决定接受另一种范式，而作出这一决策的判断依据，就是两种范式与自然界进行的比较，以及两种范式之间进行的比较。"[1]

---

[1] Thomas Kuhn, *The Structure of Scientific Revolutions* (Chicago, IL: University of Chicago Press, 1996), 77.

二、建立基于量子原理的新科学

在科学中，我们能否掌握关于世界的知识，取决于我们是否有能力使用某种范式对这个世界进行建模，而且所用范式能支持观察，允许根据观察结果开展可以接受检验的实验。在情报中，我们能否掌握关于世界的知识（即我们的“定位”），取决于我们是否有能力使用某种方式去认识这个世界，而且所用方式能支持观察和报告，允许根据观察结果去作出具有可操作性的决策。

在工业时代，我们思考情报时的基础就是牛顿科学方法，它可以是直接基础，也可以是间接基础，具体情况取决于我们在学校学到的是哪些东西。如果牛顿科学是无用的，无法对核物理、有机化学、生物学和计算机科学等建模，那么我们针对这些领域使用牛顿方法，所能得到的答案也将是无用的。更为重要的是，人类的组织和文化都是生物性的，如果我们要以一种具有可操作的方法对其建模，就需要忘记牛顿，然后建立一门基于量子原理的新科学。

知识窗

- 前面讨论的假定是，存在同时与外部环境和内部环境的交互。接下来的假定（不必考虑这么做的原因或所处的环境组合）是，我们设计出一种指挥和控制系统，它可以阻碍与外部环境的交互。这意味着将会向内聚焦，而不是向外聚焦。
- 从这个观点出发，我们观察到达尔文指出：
  - 环境才有权选择。
  - 如果谁有能力与环境突变开展交互并作出适应，环境就会选择让谁**胜出**；如果谁没有能力，环境就会选择让谁**出局**。
- 根据哥德尔证明、海森堡测不准原理和热力学第二定律：
  - 一个人不能在系统中确定系统自身的特征或性质。
  - 如果他试图这样做，将会导致混乱和无序。原因何在？因为在

"现实世界"中，环境是会侵入的（笔者观点）。

- 接下来，我们将达尔文、第二定律、海森堡和哥德尔等观点应用在克劳塞维茨的理论中，就会发现：

> 谁能生成多个非合作重心，谁就会放大阻力。原因何在？因为在一个系统里，如果存在多个非合作重心，就会限制系统与其周围环境的交互和适应，从而导致向内（即在自身内部）聚焦，反过来又会产生混乱和无序，从而阻碍剧烈运动或定向运动，因此放大了阻力或熵。[1]

[1] Col John R. Boyd, *A Discourse on Winning and Losing*, Collection of un-numbered briefing slides, August 1987.

第 5 章

从牛顿模拟模型到量子数字模型

牛顿微积分的核心假定认为，世界是连续的和单值的。然而，现实世界显然是数字的和多态的。我们用以描述世界的任何一种模型，其所返回的答案都直接取决于模型的底层核心假定。牛顿模型与现实世界系统，特别是与包括人类组织、文化和工具在内的生物系统存在互不匹配的情况，在对其进行检查后发现，我们目前用以分析这些系统的功能所使用的几个牛顿假定，会提供误导性或不完整的评估。这一分析也指出，应当以新科学作为基础去开展分析，而新科学的基础是量子方法，它假定世界是数字的和多态的。

积分学和微分学完全基于这样一种假定：描述数学函数时使用的线，可以**无限**（连续或模拟的）细分为更小的线，并且对于每个 x，其对应的 y 有且只有一个值（单值的）。在现实世界函数中，如果将线细分得足够小，它就会变成一系列不连续的点（数字的），对于每个 x，其对应的 y 可以有多个值（多态的）。在我们用以对世界进行建模的数学形式体系中，这个区别看似微小，却会产生极其巨大的影响，影响我们模型的运行情况，以及模型的失效时间。为了模拟信息时代的世界，我们必须使用一种

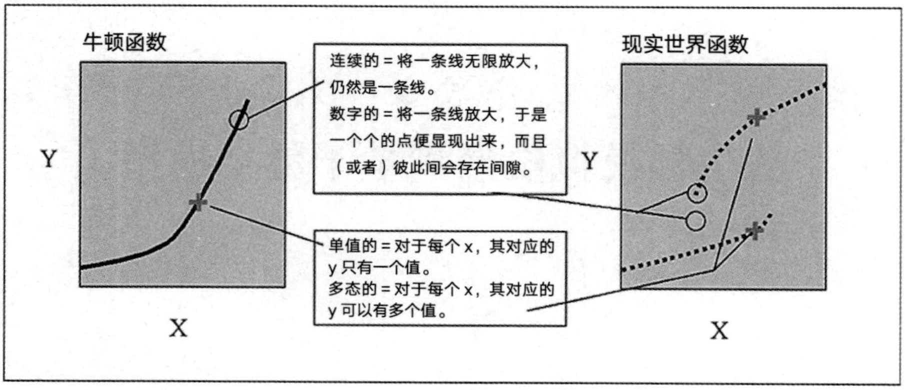
牛顿函数
现实世界函数
连续的 = 将一条线无限放大，仍然是一条线。
数字的 = 将一条线放大，于是一个个的点便显现出来，而且（或者）彼此间会存在间隙。
单值的 = 对于每个 x，其对应的 y 只有一个值。
多态的 = 对于每个 x，其对应的 y 可以有多个值。
Y
X
Y
X

图5－1

可以体现出世界的数字性和多态性等性质的新科学。

对此，笔者在作出解释时使用的方法，是在牛顿范式和新科学所需范式可以展示互补性的条件下，对这两种范式进行比较。这种互补性非常重要，因为如果在这些有限的互补性条件之外使用牛顿范式，将会给出不完整或误导性的答案。

虽然这是在讨论我们对世界进行建模和分析的科学基础，但笔者使用的示例，还是尽可能来自导航领域，或是直接适用于情报分析人员熟悉的技术。关键在于必须能够理解导航并对其建模，这样才能适应新科学，并将其扩展，形成新的逻辑和计算方法，用以开展情报分析和评估。原因有两点：一是我们模拟的目标，无论是大规模杀伤性武器，还是制造和使用它们的组织，都需要使用导航方法才能发挥作用；二是我们在进行此种分析时，我们其实也是在进行导航。

知识窗

■ 定位是**突破重点**。它可以左右我们与环境进行交互的方式，由此可知，定位可以左右我们**观察**、**决策**和**行动**的方式。

在这个意义上：

- 定位可以左右**当前** OODA 循环的特征，而这些当前循环可以左右**未来**定位的特征。

推论

- 我们需要创造心理意象、观点或印象，从而形成可以匹配这个世界活动的模式。
- 我们需要拒止敌人，使之不可能发现或辨别那些可以匹配我们的活动，或是现实世界其他方面的模式。[1]

一、从更大更快的技术[2]到更聪明的思维：历史非常重要（一）

牛顿假定：如果一个连续函数可以描述两个点状物体，它就可以在一次观察的基础上预测未来。

新科学假定：如果一个数字模型是关于一个具有可定义结构的现实物体，它就可以在多次多维观察的基础上预测未来。

互补条件：在搜集了足够多的数据点之后，人们就可以建立一个模型或函数，它可以在不增加额外数据点的情况下预测未来。

示例：针对雷达显示器上观察到的给定目标，预测它未来相对于中心物体的方向和速度。

牛顿思维认为，如果我有一个数学函数可以描述两个点状物体之间的相互作用，我就可以用这个函数来预测它们未来的位置和动量。不幸的是，如果你没有这种函数，问题可能就会相当棘手。牛顿模型最适合描述行星运动，因此雷达显示器上的光点可以表示地球和月球。在这种情况下，事情应该是这样的：如果已知月球的确切位置和动量（方向和速度），又已知地球和月球的质量，我们就可以预测月球在极遥远未来时

[1] Col John R. Boyd, *A Discourse on Winning and Losing*, Collection of un-numbered briefing slides, August 1987.

[2] 美国空军曾经提出“更快更高更远”的口号，作者在这里使用“更大更快的技术”，借以指代工业时代的那种“牛顿思维”。——译注

的行进路线。

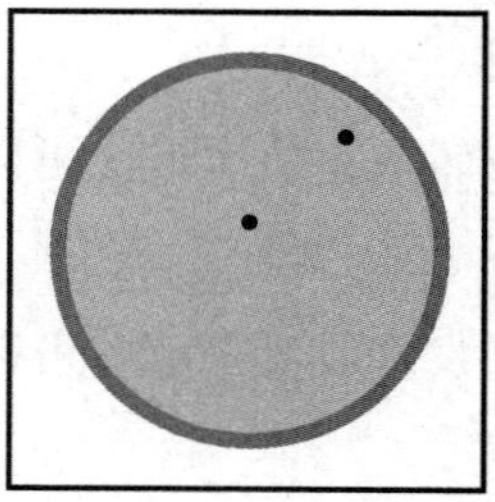

图5-2

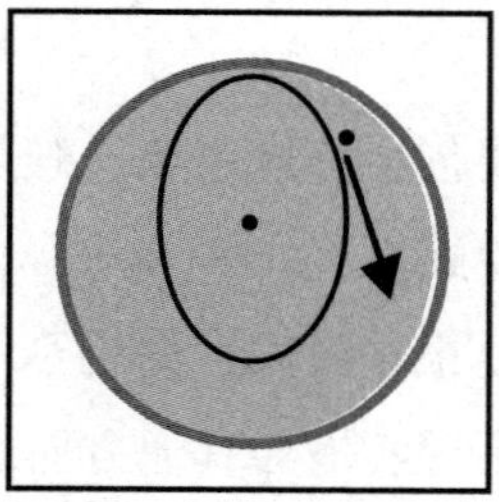

图5-3

然而，如果我们更进一步，就会知道必须先有第谷·布拉赫（Tycho Brahe）对行星运动开展的多年观察，然后约翰尼斯·开普勒（Johannes Kepler）才能根据牛顿运动定律和引力相互作用定律，指出行星是沿弧线轨道运行的。但在现实世界，战斗人员或情报分析人员无法奢望能有这么充裕的时间，去搜集所有数据并且指出："现在，只需我的数学函数就足以预测未来，无须再做更多观察。"然而我们忘记了，初始条件之所以如此笃定，正是因为已经考虑到会进行多次观察的情况。

我们回到现实世界的雷达显示器上。应当定义需要观察的所有事项，然后才能预测雷达光点在未来的运动情况。现在在屏幕上，可以看到显示器中心的本船位置（可能是以经纬度表示），以及目标的位置（以方向和距离表示）。关于这两个点状物体，我们已经掌握了四个数据位，但并没有足够的数据来确定方向和速度。当然，量子物理中的海森堡测不准原理指出，一个人无法在一次实验中同时确定位置和动量（这是科学家描述位置、方向及速度的方法）。每个试图通过雷达来追踪目标的航海员、飞行员或炮兵观察员都知道，现实世界遵循海森堡原理而非牛顿定律。

所以稍等片刻，请再看一眼我们的雷达显示器。3 分钟后，显示器看起来如图 5-4 所示。目标的方向是什么，速度又是多少？如果使用牛顿

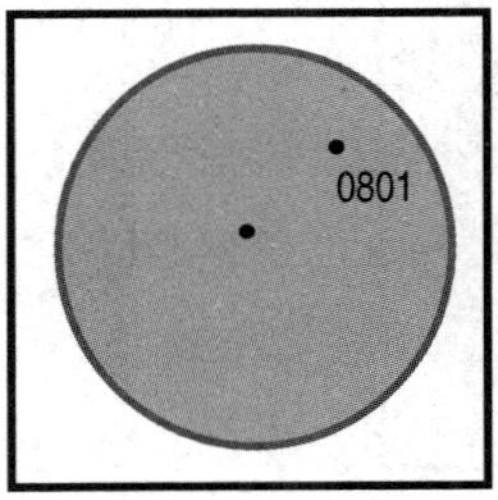

图5-4

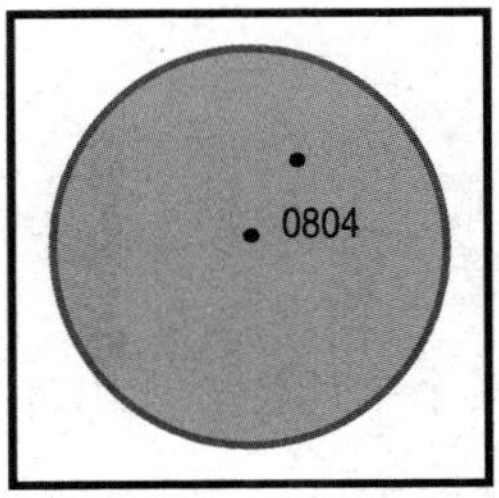

图5-5

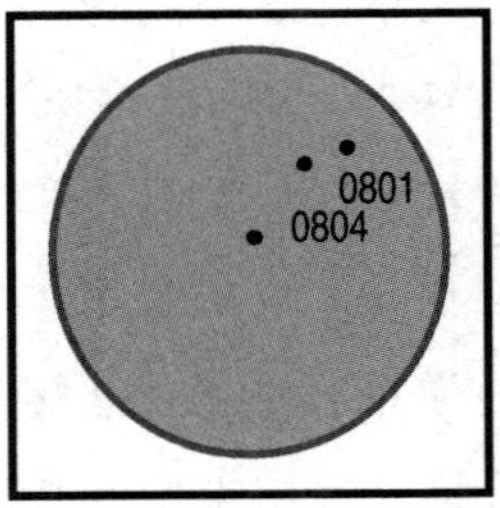

5-6

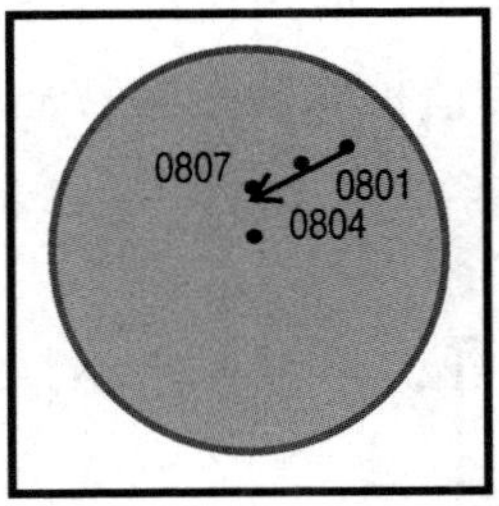

图5-7

方法，仍然不会有足够的数据，因为我们没有函数可以用来进行计算。

当然，任何航海员、飞行员或炮兵观察员都可以看出，你确实掌握足够的数据，可以求出目标的方向和速度——当然，前提是你必须足够聪明，保存了历史数据才行。精明的操作员已经拿出油性笔，在雷达显示器上标记了第一个位置，所以他的显示器看起来如图 5-5 所示。这两点定义了两个位置，简单数学运算会告诉我们：速度=[（位置 2）—（位置 1）] / [（时间 2）—（时间 1）]，或 $v = \Delta$(位置) / Δ(时间)。

现在又过了 3 分钟，显示器上也多了一个光点。如图 5-6 所示，现在共有三点，一个是现在的光点，另外两个是油性笔绘制的历史光点，将它们连成一条线，操作员就可以从中读出航向。然后，使用显示器上的距离标尺，测量光点在 6 分钟内移动的距离，并除以 0.1 小时（6 分钟），就可以算出速度。

目标现在在什么位置？在进行测量和计算的这段时间，目标移动了。但使用现在以油性笔画图方式呈现的简单函数，操作员就可以将箭头向前延伸，预测 3 分钟后目标的位置，如图 5-7 所示。操作员对自己的评估有多自信呢？答案取决于他手中掌握了多少历史。

仔细研究图 5-8 和图 5-9 两个图像，判定哪个图像可以提供最优估计结果，让你知道目标从最后一次观察到的位置出发，3 分钟后将会到达的位置。在关于现实世界的图像中，数据是分散的，它所掌握历史的时期越长，结果就越准确——前提是目标没有决定改

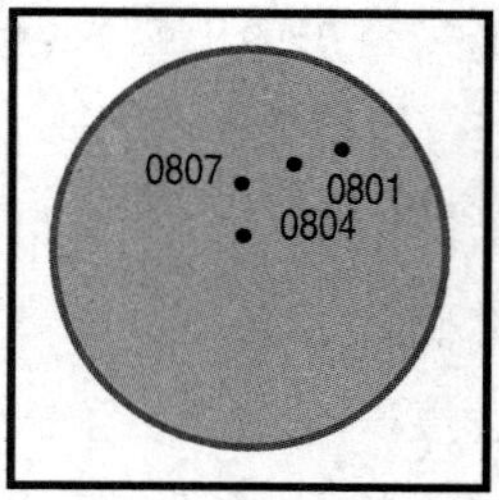

图5-8

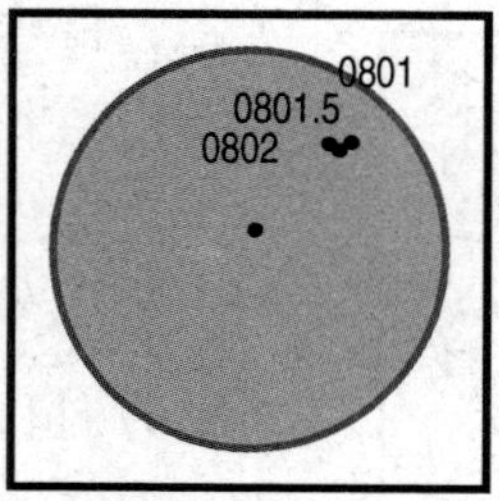

图5-9

变方向或速度。

在牛顿思维中，所有函数都是同样有用的，因为它们可以向前计算，也可以向后计算，而且精度保持不变。请注意，如果你掌握了整个历史，你就可以非常准确地估出方向和速度，但你只能使用某个平均位置求出计算结果，而这个位置可以是你测量过的整条航线上的任何一点。

从这个简单的假定差异中可以看出，我们的工作方法是完全不同的。

冷战中的目标瞄准：战场上的关键人物是将手指放在洲际弹道导弹发射按钮上的那个家伙。牛顿革命推动了物理科学向前发展。基于物理科学的技术优势意味着武器的射程可以更远，或是射速可以更快，又或是可以携带更大的炸弹。因此，美国北达科他州发射井的导弹军官或 B-52 飞行员才是战场上的关键人物。你可以说，历史并不重要，求出方向和速度也不重要。如果你能在 15 分钟内将核弹投放到世界任何角落的目标上，那你只需要知道敌人现在正在做什么即可。图像情报和测量与特征情报就是工业时代目标瞄准的关键。

图5-10

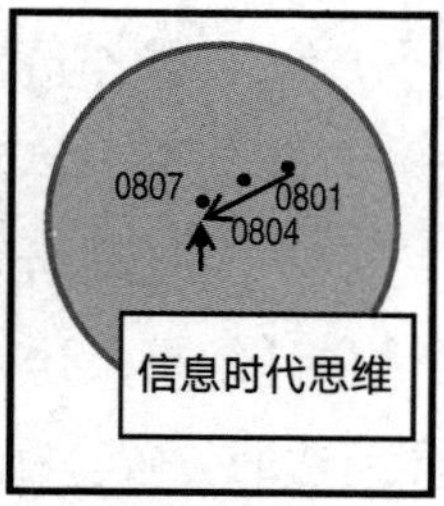

图5-11

阿富汗战争中的目标瞄准：战场上的关键人物是骑在马背上，手持双筒望远镜、全球定位系统（GPS）和激光笔的那个家伙。在信息时代，一个人越是能够准确地判定敌人的位置以及接下来的行动，他就越能精确地瞄准对手。阿富汗战争表明，在确定敌人位置和追踪其意图等方面，地面人员远远胜过一切高科技遥感设备，这主要是因为他有能力四处侦察，也有能力记录敌人的行动历史。负责确定目标的位置和预期运动的炮兵观察员或分析人员有多聪明，智能炸弹就有多“智能”。人力情报是信息时代目标瞄准的关键。

这里需要谨记，有观点认为哪怕只是一个简单的点状物体，只需一次观察，精确的数学函数就可得出你需要知道的关于该物体未来的一切，但这种观点只是基于牛顿世界模型的一个课堂梦想而已。在现实世界，历史非常重要！海森堡测不准原理阐述的量子现实才是正确的，而且：

- 你需要关于观察结果的历史记录，这样才能评估目标的运动情况。除非你知道某样东西来自哪里，否则你就无法知道它要去向哪里。
- 如果它移动的速度加快，或是移动的距离变远，你将能够更加准确地评估它的方向和速度，但你无法准确地评估它的位置（正如海森堡所说的那样）。

在工业时代，图像情报和测量与特征情报对于目标瞄准至关重要，而分析并不重要——重要的只有一件事，就是你能以多快的速度，将关于当前事情的观察结果转化为具体行动。在信息时代，人力情报和工业时代遗留下来的精选武器对于目标瞄准是至关重要的，而分析历史记录的做法对于理解敌人的意图和未来行动也是至关重要的。

知识窗

来自历史环境的样本

■ **孙子**（大约公元前 400 年）

知己知彼，百战不殆……故善动敌者，形之，敌必从之……凡战者，以正合，以奇胜。

■ **拿破仑**（19 世纪初）

战略就是利用时间和空间的艺术。我对后者的态度不如对前者谨慎。空间可以夺回，时间却一去不返……我可以输掉一场战斗，但我绝不能输掉一分钟。战争艺术的全部精髓就在于进行合理并且谨慎的防御，然后大胆发动进攻。

■ **福里斯特**（N. B. Forrest，19 世纪 60 年代）

不惜一切代价也要抢先占领那里。

■ **布卢梅特里特**（Blumetritt，1947 年）

作战和战术层面的整体指挥方法取决于……快速简要评估态势……快速决策和快速执行，原则就是：“领先敌人的每一分钟都是一个优势。”

■ **巴尔克**（Balck，1980 年）

强调应当创造出一种基于信任（而非不信任）的隐性联系或纽带，同时允许下属拥有广泛的自由，可以发挥想象力和主动性，但必须在上级指挥官意图的范围内进行协调。这样做的好处是：组织内部简单，因此可以快速适应。

■ **笔者**

在敌人的 OODA 循环中运行，使敌人陷入一个充满不确定、怀疑、不信任、混乱、无序、恐惧、恐慌混沌的世界……并使敌人自我折叠，回到自己的内心世界，这样他就无法应对逐步展现的事件和己方努力了。[1]

[1] Col John R. Boyd, *A Discourse on Winning and Losing*, Collection of un-numbered briefing slides, August 1987.

时间维度的思维和**空间维度**的思维是同等重要的。对此，博伊德上校作出了非常明确的阐释，具体体现在三个层面：第一，历史非常重要，我们可以从孙子等分析大师的战略思维中汲取营养；第二，最优秀的军事思想家只谈过程，不谈目标；第三，OODA 循环存在于时间之中，并不存在于空间之中。

二、从对抗技术到智胜决策者：历史非常重要（二）

牛顿假定：世界是单值的。

新科学假定：世界是多态的。

互补条件：如果被建模系统距离某个决策点（分歧点）很远，这时就可以使用牛顿单值模型。

示例：空调恒温器被设定在 70 度。为了稳定控制，并确保它不会不断地循环启动和关闭，恒温器将在温度上升到 71 度时启动空调，在房间冷却到 69 度时关闭空调。笔者有两张恒温器的照片：一张是刚刚拍的，显示温度读数为 70 度，另一张是 6 分钟前拍的，显示温度为 71 度。空调是开着的还是关着的?

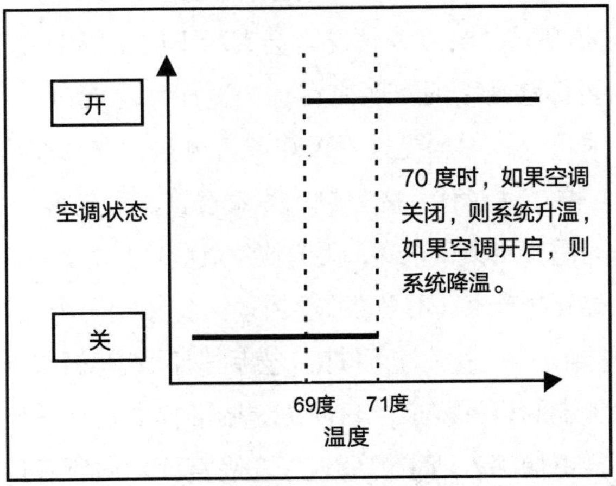

图5-12

这个问题在牛顿范式中是完全无解的，因为牛顿范式依靠瞬时信息来计算函数。也就是说，在 70 度时，根据历史情况来看，空调可以是开启的，也可以是关闭的。如果温度高于 71 度（持续开机）或低于 69 度（持续关机），牛顿范式就可以给出正确答案，因为在这些温度下只有一个解。然而，在 69 度至 71 度这个控制“死区”内，牛顿范式就不可能给出答案，因为这时存在两个正确答案：如果几分钟前温度高于 71 度，则空调是开启的，并且正在给房间降温；如果几分钟前温度低于 69 度，则空调是关闭的，房间正在升温，准备进入下一个冷却循环。在新科学中，答案是确定的，因为根据历史观察可知，它似乎正处于一个冷却循环之中。因此，如果是描述一个多态系统，即一个能够作出决策的系统，那么牛顿范式只有在决策已经作出且不可逆转时才是有效的。即使在新科学中，人们也需要了解关于事件的历史，以此确定系统现在处于多态中的哪个状态。

不幸的是，实际情况远比这更加复杂。两张恒温器的照片显示空调是开启的，因为它似乎正处在冷却循环之中。然而，它假定的前提是冷却循环的时长大于 6 分钟；如果冷却循环只有 3 分钟，那么第一张照片可能是在冷却循环开始时拍摄的，第二张照片可能是在空调关闭且温度回升至 70 度以后拍摄的。为了得到正确答案，即使在新科学中，人们也需要在至少 3 个循环内拍摄足够多的照片，这样才能确定冷却循环的时长……如果室外温度是 85 度或 110 度，情况也会有所不同。历史将变得更加重要。

冷战中的目标瞄准：射击所有目标，这样你总能命中你的真正目标。如果武器的射速更快，射程更远，爆炸威力更强，那么谁抢先开火，优势就会落于谁手。在工业时代，先发制人发动袭击永远是最好的答案。因此，人们将情报的通用程度设得很高，因为快速反应正是决胜的关键，而且俗话说得好：“核武器意味着永远不必说你会错过什么东西。”因此，导弹军官只要知道“如果我接到命令，我就按下按钮，然后一座城市就会消失”就足够了。

阿富汗战争中的目标瞄准：只向决定瞄准你的目标发出射击。在信息时代，人们需要更加深入地了解敌人。在阿富汗，向所有持枪者射击的策略是行不通的，因为每个人都会持枪，甚至向所有开枪射击者射击的策略也是行不通的，因为他们并不一定是在向你射击。当参加婚礼的人们朝天鸣枪时，乍看就好像是塔利班正在射击，这时简单的“如果 X，那么 Y”的牛顿定律便不再适用。需要对决策者建模，以了解他们在开火前处于哪种状态：是“在婚礼上朝天鸣枪”的状态，还是“向来袭飞机射击”的状态。然而这种知识需要历史经验。在信息时代，以对等且合乎逻辑的方式作出响应的做法必须成为规范。

情报分析人员应当根据对世界所做的观察，去预测未来的事件和趋势。不论是像细菌或人类这样的单个有机体，还是像国家这样的综合有机体，甚至是人类有机体创造的工具，所有生物系统都可以根据环境变化，作出决策并控制自己的行为。在我们的简单示例中，至少需要三个控制循环的数据量（具体情况取决于今天的室外温度），以及两张额外的照片，这样才能非常笃定地评估空调到底是开是关。这只适用于一个单体恒温器，即只能以开启或关闭的方式，响应温度传感器的单次输入。

需要谨记的信息是，决策系统可以像恒温器那样简单，也可以像制造大规模杀伤性武器的国家那样复杂，然而它是多态的，不能使用牛顿范式来计算，除非它们尚不满足触发决策的特定条件集。因此，新科学必须可以涵盖能够在不同条件下，以不同状态存在的多种系统。除非知道一个系统过去做了什么，否则人们无法预测它将来会做什么。再次重申：历史非常重要！新科学必须能够模拟决策流程。

工业时代情报的基础是完全忽视决策的牛顿模型。因此，对任何敌人来说，最优策略只有一种，那就是先发制人，因为在制定政策时甚至不会去考虑敌人的决策流程，胜利只取决于我们自己的决策和行动。

信息时代情报的基础必须是能够涵盖敌人决策流程的量子模型。因为敌人的“状态”不仅取决于他试图完成的事情，还取决于他在决策循环中的位置；在信息时代，分析人员必须能够根据敌人不同的“状态”，以及关于他当前所处“状态”的估计，最好还有关于我们希望他进入的那个“状态”的估计，从而提供不同的选项。

知识窗

要点

- 抑制冲动，不要建立那种将会阻碍与外部世界交互的显性内部安排。
- 安排系统设置和环境，使领导者及其下属都有机会不断地与外部世界交互，并彼此交互，以便更快地作出多方面的隐性交叉引用的投射、移情、关联和拒绝，创建类似的图像或印象，从而形成有机整体所必要的类似隐性定位。

原因何在？

- 对指挥官及其下属进行类似的隐性定位，可以让他们：
  - 减少阻力，缩短时间，从而：
  - 利用多样性和快速性，同时保持和谐性与主动权，从而：
  - 进入敌人的“观察—定位—决策—行动”循环，从而：
  - 放大敌人的阻力，延长他的时间（目的是制造阻力与时间之间的互不匹配，让情况变得于己有利），从而：
  - 拒止敌人的机会，使之无法应对逐步展现的事件和己方努力。[1]

牛顿范式只适用于物理世界。新科学必须可以适用于概念世界。即使像恒温器这样简单的控制系统，也会使用OODA循环来观察世界，根据自身内部模型来定位世界是太热还是太冷，就空调应当开启还是关闭的问题作出决策，并采取行动以确保自己处于正确的状态。因此，我们不仅需要了解对手的OODA循环，还需要了解我们自己的OODA循环，这样才能提供正确的定位，从而作出最佳决策。

[1] Col John R. Boyd, *A Discourse on Winning and Losing*, Collection of un-numbered briefing slides, August 1987.

三、从瞄准目标到瞄准个体

牛顿假定：世界是连续的。

新科学假定：世界是数字的。

互补条件：观察世界时，如果粒度等级过高，就会无法发现个体，此时这种策略只反映一种忽略个体差异的“平均”响应。

示例 1：如果 1000 只蜜蜂能在 1 小时内采集 1000 克花粉，那么在同样时间内，0.5 只蜜蜂能采集多少克花粉？在牛顿世界，计算出的答案是 0.5 克；在生物界，答案是 0 克，因为 0.5 只蜜蜂是死的。因此，牛顿思维的适用条件是：个体无关紧要。

示例 2：如果女性人口中有 2% 怀孕，那么在这部分人口中选择 25 名女性，其中会有多少人怀孕？在牛顿世界，你会发现有 0.5 名女性怀孕；在生物界，你只能说每个人都有 2% 的概率会怀孕，但具体到每个人时，答案或是肯定，或是否定——任何人都不可能只怀一半的孕。牛顿思维忽略每个个体，因此只能描述一个“平均”个体，也就是从理论上讲，其所描述的这个个体，来自所有个体完全相同的某个群体。

需要谨记的信息是，在生物系统和人类系统中，整体并不仅仅是各部分的总和或平均值。个体是非常重要的！有些属性和行为是个体的特征，是不能再次细分的。因此，新科学必须能够涵盖群体中的个体性。

四、从双方零和博弈到多方非零和博弈

牛顿假定：所有组织都是完全相同的。

新科学假定：所有组织都是独立的个体，它们的特征各不相同，具体特征取决于组成这个组织的那些个体。

互补条件：如果组织太过简单，因此可以忽视组成它的个体（或是因为这些个体都是完全相同的，或是因为只需一个个体即可代表整个组织），那么这个组织将只有一个“重心”来定义该组织所有的行动和弱点。

示例：我看到一只浑身长毛的大型哺乳动物。它是威胁吗？牛顿的答案是它很大，任何大的东西必然都是威胁。生物学量子式答案是“具体情况具体分析”。如果它是狮子而我没有枪，那它就是威胁；如果是狮子而我有枪，那就是博弈，但如果我放下枪，它可能就是威胁；如果是羚羊而我没有枪，那它就不是威胁；如果是羚羊而我有枪，即使我放下枪它也不是威胁。牛顿模型是一种双方零和博弈；在牛顿的世界，答案必然为“是”或“否”。一旦了解到足够的信息，可以确定哪个才是建立模型时最重要的因素，那么答案就只有“是”或“否”了。量子或生物模型需要搜集足够的数据，以此辨别有机体或组织的特征。这样做的理由是一种假定：组织会具有某些个体特征，因为它是由并非完全相同的多个个体构成的，不论是细胞构成的有机体，还是有机体构成的组织，尽皆如此。在评估威胁时，一群狮子与一群羚羊或一群牛构成的威胁是截然不同的，它们对一个人所构成的威胁，与对一伙牛仔构成的威胁也是不同的。

生物有机体是不同种类的个体组成的组织，而组织思维取决于这些有机体组成的结构中非常细微的差异。这使得生物模型成为多方非零和博弈。每个组织都有自己的生存目标，以及自己关于胜利的定义。把狮子和鹿放在一起，对狮子来说，“胜利”就是获得晚餐；而对鹿来说，“胜利”就是得以生存。再加上一只鬣狗，狮子就有两种晚餐选项，鬣狗则希望狮子胜利，因为这样它的晚餐就会是狮子吃剩的鹿肉；无论哪种情况，羚羊都只想得以生存。

新科学必须可以涵盖组织间的差异，必须能够涵盖非零和博弈。在任何生物系统中，最优想定情景都是双赢。但牛顿模型甚至不会去考虑这个选项。

冷战中的情报：这是“我们”对抗“他们”，是一种两极模型，而世界也是两极的。在冷战中，唯一重要的决策者是“政治局”（Politburo）；其他所有人都只是服从命令。由于冷战的依据是假定“共产主义”是一个庞大而单一的实体，决策的粒度等级只需假定只有“我们”对抗“他们”即可。因此，我们只需考虑那些独裁者是站在“我们这边”，还是站在“他们那边”。我们也只需考虑都有谁站在“我们这边”战斗，而不是他们为什么这样做；在冷战世界，我们可以忽略伊斯兰国家选择与共产主义为敌的原因，因为“敌人的敌人就是朋友”这句格言就是我们需要的全部理由。这种情报分析方法还让人们重视评估能力，不去评估意图。如果我们假定每个个体或是“我们的朋友”，或是“我们的敌人”，我们在了解他们的意图时所需的粒度等级至此即可，不必再高；但我们确实需要知道他们能力的强弱，这样才能在他们是“我们的敌人”时，评估他们的威胁能有多大。在牛顿零和博弈世界，情报工作是轻而易举的：第一步，找出最大的威胁；第二步，将所有的情报资产集中到一个庞大的特别工作组，从而找出威胁的重心；第三步，击溃这个重心，威胁就会土崩瓦解。完成之后，找到下一个最大的威胁，重复这个流程。

阿富汗战争中的情报：这是一个多极世界，每个国家、每个组织和每个个人都有不同的目标，而且实现这些目标的决策流程各不相同。找到拥有共同目标的盟友，就可以实现双赢的想定情景。塔利班、北方联盟和“基地”组织都是彼此不同的组织，可以想见，每个组织的领袖和每个成员作出的决策也是各不相同的。美国准确地发现一个现象：在阿富汗境内，众多派系都有各自的文化和目标。这意味着，只要鼓励北方联盟，我们就可以在当地找到我们的“眼线”，让他们开展人力情报活动，提供我们需要的有价值的目标识别，从而将塔利班和“基地”组织与普通公民、卡车或是婚礼庆典区分开来。然而，要想做到这一点，就需要认识到在阿富汗“获得胜利”的想定情景实现后，北方联盟将成为负责重建阿富汗新政府中的一员。这也意味着，在这场战争取得胜利之后，塔利班的普通成员就会成为政治问题，而不是军事问题；这是因为对北方联盟来说，塔利班是阿富汗同胞，所以塔利班的普通成员也将被重新同化，融入阿富汗民众当中，同时塔利班领导层也会消失，因为他们的权力基础消失了。另一方面，“基地”组织武装分子虽然主要是非阿富汗人员，却也会原地消失，并在其他地方重新集结，而且仍然是一个重大威胁。

在工业时代，情报忽视了组织的量子本质，也忽视了“个体是存在的”这个事实。因此，情报分析人员只需估计他们是站在“我们这边”，还是站在“他们那边”——只要成为“我的敌人的敌人”，就足以作出决策了。这也导致一个过分简化的关于世界的模型，在这个模型里，只需找到一个“重心”，就可以一劳永逸地解决情报问题。

在信息时代，情报分析必须考虑到组织层面和个体层面的个体性。信息时代的情报分析人员不但要了解组织整体，而且要了解这个组织的基础设施、领导者和文化。信息时代的分析人员分析意图的水平，至少必须与其评估能力的水平不相伯仲。

在大规模杀伤性武器分析中，这些区别至关重要。显然，任何拥有大规模杀伤性武器的国家都是潜在威胁。当然，关于一个拥有大规模杀伤性武器的国家，美国政策制定者需要了解的最重要问题是：“它是威胁吗？我该如何处置这个威胁？如果该国领导人与美国利益为敌，此时我该如何作出响应？”

在牛顿两极世界，答案非常简单，因为牛顿世界有“万能钥匙”，每个组织都是一样的。情报的作用就是评估能力和大规模杀伤性武器威力，一旦评估完成，情报问题也就宣告结束，不会再有更进一步的分析。“是的，任何拥有大规模杀伤性武器的国家都是威胁。我们应该以先发制人的方式结束这个威胁，促使该国解除武装，或为此促成政权更迭。这个国家的领导人是谁并不重要；大规模杀伤性武器才是威胁，必须予以制止，无论哪位领导人，只要认为他的国家拥有大规模杀伤性武器，就应当被‘拿掉’，再让一个新的政权上台。”

在信息时代的世界，答案是“一切都视情况而定”。正如所有“大型哺乳动物”各不相同一样，所有“拥有大规模杀伤性武器的国家”也是各不相同的，它们有着不同类型的领导人，以及不同的国家目标。在认定“政权更迭”是结束大规模杀伤性武器问题的唯一途径之后，我们应当把线画在哪里？萨达姆·侯赛因和伊拉克？金正日和朝鲜？阿亚图拉·哈塔米和伊朗？穆沙拉夫总统和巴基斯坦？弗拉基米尔·普京和俄国？阿里埃勒·沙龙和以色列？雅克·希拉克和法国？托尼·布莱尔和英国？

毫无疑问，大规模杀伤性武器扩散是21世纪最重要的情报问题。但分析人员能为政策制定者提供的选项，只有“找到他们所有的大规模杀伤性武器设施，并以先发制人的方式将其‘拿掉’”，除非情报界的分析工具可以考虑个体性——这种个体性存在于这些武器所在的国家、组织和文化中，也存在于指挥人员的性格之中。

信息时代的情报必须能够评估能力和意图。情报分析人员需要新的方法和工具，它们应当超越牛顿工业时代思维，这样才能够提供令人信服的评估，并为政策制定者提供量身打造的选项，而不是依靠“万能钥匙”。萨达姆·侯赛因、金正日、佩雷斯·穆沙拉夫、阿里埃勒·沙龙、雅克·希拉克和托尼·布莱尔等人，都会使用大规模杀伤性武器，只要这样符合他们的国家利益；然而，只有当他们的国家利益与美国的国家利益一致时，这种做法才会符合美国的国家利益。显然，在对上述各个领导人及其国家作出响应时，选项是不一样的。信息时代的新情报科学必须能够清晰和明确地定义这些选项。

因此，我们需要重新思考使用牛顿思维、为工业时代建立的情报方法和工具，代之以使用量子思维、为信息时代建立的方法和工具。工业时代情报的核心是能力评估。信息时代情报的核心必须是意图评估。

知识窗

要点

回顾之前的讨论，我们如此表述：定位是一个多方面的隐性交叉引用的投射、移情、关联和拒绝的交互流程，可以影响基因遗产、文化传统、先前经验和不断展现的环境等因素之间的相互作用，同时也受其影响。[1]

---

[1] Col John R. Boyd, *A Discourse on Winning and Losing*, Collection of un-numbered briefing slides, August 1987.

评估能力的基础是了解和识别事物，也就是武器和制造武器的设施。评估意图的基础一定是了解作为个体的相关人员，以及他们建立的组织、国家和文化——因为正是这些人制造了大规模杀伤性武器。

第 6 章
从海量数据走向新型情报

数据在数量和类型上都可以是“海量”的。对情报界可用的数据是海量的，利用这些数据的主要问题是缺乏历史基线，以及缺乏图书馆员和馆长[1]，因此无法组织和标记数据以实现便捷检索。这意味着，我们必须开发出可以快速记录机密历史的方法，以及可以存档系统数据的方法。数据在维度上也可以是“海量的”。搜集和分析海量数据的做法不能提供有效评估，除非数据的维度可以反映问题的维度。

我们必须心甘情愿地接受以下事实：其他依赖信息的组织可以聘请图书馆员和馆长等人员，让他们去支持研究人员，但情报界是不可能这样做的。这意味着我们必须设法绕过对图书馆员和馆长的需求，具体做法是将这些功能自动化，也就是开发出可以用来存档和检索数据的计算机工具。

数据在维度上也可能是“海量的”。如果数据的维度不能反映问题的维度，搜集和分析海量数据的工作就无法提供有效评估。此外，需要有分

[1] 这里的“馆长”（curator），又译作“策展人”，负责文化艺术品的管理、分类、编目和收藏等工作，是专业意义上的高级专家，并不是行政意义上的主管负责人。——译注

析方法可以同时评估当前位置和预测意图。如果希望方法论可以预测目标未来的意图，那么它的依据必须是在过去更长一段时期内的数据集合；动态情报数据不能用来制作预警情报。

分析人员每天都会被数据淹没。在触手可及之外，信息太多，但时间太少，无法使用它们来回答需要回答的问题。我们需要在“触手可及之外”的海量数据中苦苦寻觅，找出我们需要用以回答这些问题的“沙中之金”。目前，高级研究开发活动组织[1]资助的一个项目专门负责解决这个问题，名为“来自海量数据的新型情报”（NIMD）。

“来自海量数据的新型情报”在其项目宗旨中指出，“海量”数据是指数据的数量太过庞大，或格式太过多样化，因此我们无法有效加以利用。笔者认为，这个出于善意的答案和用于追求这个答案的方法论，实际上是一种使用牛顿工业时代思维的、直线的、平面地球式的方法，而我们需要的是一种使用数字信息思维的、圆弧的、圆形地球式的方法。牛顿思维是一种纸上谈兵的方法，本质上是一种对连续单值系统建模的二维方法，因此我们使用牛顿模型设计出的任何一种方法，在本质上也必须是二维的、连续的和单值的。由此看来，在我们能够从“海量”数据中真正找出“新型”情报之前，我们必须重新定义在多维的、数字的和多态的信息时代模型里，“新型”和“海量”到底是什么意思。

一、什么是“新型”情报

“新型”被定义为“新且不同寻常的，尤其指同类中的第一个”。当前的努力，比如海量数据生成的新型情报等，主要集中在定义的第一部分，也就是“新且不同寻常的”。然而，正如笔者接下来要介绍的，发现大量“新且不同寻常的”情报数据并不困难——只要它不是同类中的第

[1] 高级研究开发活动组织（Advanced Research Development Activity）是美国情报界资助的机构，后改名为颠覆性技术办公室（Disruptive Technology Office），最后并入美国情报高级研究计划局（Intelligence Advanced Research Projects Activity）。——译注

一个。在信息时代，人们面临的挑战是能否在一个庞大的数据集中找到“同类中的第一个”情报，但在这个数据集里，所需数据并不是使用传统方法构建的。

工业时代对“新型”的定义是：在当前的模式中是新且不同寻常的，但不是同类中的第一个。

信息时代对“新型”的定义必须是：新且不同寻常的，是一种全新类型数据中的第一个，而且这种数据需要新的模型才能理解。

二、什么是“海量”数据

工业时代对“海量”（massive）数据的定义是：数量过大的数据，因其过于庞大，所以我们的方法论无法利用。

笔者认为，信息时代对“海量”数据的定义必须是：维度过大的数据，因其维度过大，所以我们的方法论无法利用。以下两例可以稍作说明：

- 一个简单的研究项目显示，只要数据属于已经建模的类型，那么即使在信息时代方法论训练方面仍是新手，对其而言过大的数据量也不是问题。
- 一个简单的数据缩减问题就可以显示数据的维度，但该问题也需要我们彻底重新思考利用这些数据的方法，即使数据集只包含四个数据点，以及与这些数据点相关联的四个观察值，也是如此。

三、范例 1：信息时代的八年级科学项目作业

不久前，笔者的小女儿，一个八年级学生，带回家一道科学项目作业。这个作业是要找出一个“发明了小于六英寸（约 15 厘米）的东西的美国发明家”，此外无其他说明。乍一看，人们会认为她的问题相当于情报分析人员寻找“有能力发明新型生物武器制剂的伊拉克科学家”的项

目。但二者并无可比性，因为她可以在大约六个小时内完成自己的发明家作业，而且只需父母提供少量指导，没有研究预算；但情报界却花费了数百万美元，并聘请训练有素的分析人员和搜集人员组成团队，研究伊拉克科学家的问题。此外，情报界的这个团队还可以多次访问许多关系数据库中的数据，但笔者的女儿却只有互联网浏览器和一张图书馆借书卡。自然，笔者的女儿也会面临“海量数据生成的新型情报”这样的问题，因为她需要在互联网和图书馆里整理数据的总量，基于工业时代关于“非常庞大”的定义来说，确实是“海量”的。那么，为什么她的问题比伊拉克大规模杀伤性武器分析人员的问题容易得多呢?

笔者认为，美国发明家问题与伊拉克科学家问题之间存在四个主要区别，它们使得笔者女儿的作业只需一个周日下午的工作量，而伊拉克大规模杀伤性武器分析人员的任务却变成一项令人望而生畏的挑战。请注意，这些差异都与各自数据集的大小或差异性无关：

（1）历史学家已经使用非常古老、久经考验并且真实无误的研究方法，针对许多发明家和发明开展搜集，并对其进行了分析和建模，但情报界尚未针对相关科学家及生物武器制剂问题，开展必要的深度历史研究。

（2）图书馆员已经使用非常古老、久经考验并且真实无误的图书馆科学方法，针对所有关于发明家和发明的现有资料进行了编目，但情报界尚未针对相关科学家及生物武器制剂问题，建立必要种类的图书馆。

（3）笔者的女儿可以使用谷歌搜索引擎，轻易在互联网上搜索大量的数据，因为她已经为她的发明家建立了模型，但情报界却举步维艰，因为他们没有为他们的科学家建立特定模型。

（4）虽然笔者女儿的作业对她来说是“新型”的，因为它是“新且不同寻常的”，但它不是真正的“新型”，因为它并不是“同类中的第一个”，而且许多其他人和学生都曾问过同样的问题。至于伊拉克大规模杀伤性武器分析人员的项目，从“新型”这个术语的两项词义来看，它确实是“新型”的，因为从来没有人思考过伊拉克生物武器项目的历史发展轨迹——当然，我们说的并不是在机密层面开展的思考。

面对找出“发明了小于六英寸的东西的美国发明家”这项任务，女儿让笔者带她去图书馆，并说：“爸爸，请帮帮我。我都不知道从哪里开始着手。”所以笔者访问在线编目，搜索“发明家”和“发明”两个词，在浏览了无数标题之后，笔者注意到几乎所有的标题都与美国国会图书馆的索书编号“609”有关。笔者告诉她说，我们要寻找编号带有“609”的书籍，于是我们仔细查阅书架上的国会图书馆编号，最后找到了这些图书。笔者把这些关于发明家和发明的图书交到她的手里……然后由她接手剩下的工作……整整耗时一个下午。

伊拉克项目的分析人员需要什么索书编号，以便检索关于伊拉克生物学家和微生物学家的数据？或者是更根本的问题——如果真有关于伊拉克生物学家的索书编号，是否真有这方面的书籍呢？有了发明家或科学家的名字之后，我们如何才能了解更多的情况？

在当今世界，找到美国发明家很简单，但不可能找到伊拉克生物武器科学家，原因有以下几点。

（一）建立新知识的基线，是历史学家构建的旧知识

情报界的数据集是“海量”的，因为没有历史学家可以提供相应视角，让人们了解这种集合的意义。

没有机密的历史基线，因为情报界没有历史学家

目前，大多数情报数据都是以文本信息的形式，存放在多个数据库当中。伊拉克问题分析人员可以找到《伊拉克科学史》，或是《躲避联合国武器核查人员的十年》等机密书籍，以此来为自己的项目开一个好头。但是这种书并不存在。历史学家可以为情报分析人员感兴趣的许多问题提供极好的基线，但它们只能来自非机密记录。他们无法访问情报界数据库中的

数十亿条文本信息，情报界也没有聘请历史学家成为其专家，让他们去建立这样的基线。分析人员没有时间，或是没有在一个项目上参与足够长的时间，因此无法建立历史基线，也就不能为自己当前的分析提供背景资料。笔者的女儿很快就可以找到关于美国发明家及其发明的信息，这是因为有历史学家撰写了关于这方面内容的书籍；伊拉克问题分析人员却没法这样做，因为几乎没有历史学家撰写关于大规模杀伤性武器项目的机密书籍。

情报界挑战：在没有历史学家的情况下，我们如何才能建立历史基线？我们如何使用计算机智能程序，才能将那些缺失的机密历史学家的职能自动化？

（二）建立信息检索的基础，是图书馆员建立的图书馆学

情报界的机密数据集实际上是不可能使用的，因为没有图书馆员可以对它们进行编目和元标记。

1. 没有机密文件编目，因为没有情报界的国家图书馆

人们可以非常迅速地在图书馆编目中，找到能够想象到的任何主题的书籍，因为某个地方的图书馆员已经花费时间，为其分配了国会图书馆编号。试想一下，如果没有图书馆员，只有负责维护计算机的计算机工程师，于是所有书籍都会被随机放在书架上，没有人去为它们分配国会图书馆编号，那么人们使用图书馆将是极其困难的。笔者的女儿可以很容易地检索到半打关于美国发明家的书籍，然后使用编目和索引，选出一个发明了“小于六英寸”的东西的人——她很快就找到了回形针、电脑鼠标和其他许多东西的发明者。情报分析人员没有这样的能力做到同样的事情，因为在情报界，图书馆只有非机密的原始资料，机密文件则以在线形式存储在计算机工程师编制的数据库里，并没有图书馆员来监督其编目和索引等工作——然而编目和索引可供世界其他地方的人们使用，让数据检索工作变得易于完成。

情报界挑战：情报界的情报产品既保存在硬拷贝里，也以在线形式保存在情报环里，我们应当如何对它们进行编目和索引，才能方便人

们检索相关文件？我们如何使用计算机智能程序，去取代缺失的图书馆员？

2. 没有元标记去开展便捷的文档检索，因为没有图书馆员去维护情报界数据库

人们还可以在一个巨大的数据库中，非常快速地找到相应记录，比如美国国立卫生研究院的在线生物研究数据库 PubMed，因为美国国家医学图书馆会聘请图书馆员，让他们对每篇期刊文章进行元标记，以标准格式标出作者、标题、所属机构等，并根据国家医学图书馆的标准本体，选择这篇文章的关键字列表。PubMed 使用起来非常简便，因为以摘要形式存入数据库里的每一篇科学论文，都是由国家医学图书馆的真人（通常是馆长）逐一阅读并进行元标记的。情报界已经聘请了许多不同的信息技术承包商，由他们来开发情报界记录的本体，也就是重新制定美国国会图书馆编号，以及美国国家医学图书馆和其他专业化数据库的专业化本体。本体需在被分配给每个个体记录之后才是有效的，然而情报界也没有图书馆长去开展这项工作。

情报界挑战：我们如何对情报界数据库中的现有文档进行元标记，并提供相应政策，才能方便人们对新文档进行元标记？我们如何使用计算机智能程序，去取代所有缺失的数据图书馆长？

（三）没有简便方法可对异构数据集进行数据挖掘，因为情报界分析人员无法获得历史基线

有一次，笔者的女儿从图书馆书籍的通识分类中，找到一项“小于六英寸的发明”及其发明者的姓名，她使用谷歌搜索引擎，非常轻易地就在互联网上找到额外的数据，另外还查找了包含这位发明者姓名和（或）发明名称的相关记录。在互联网上对异构数据进行数据挖掘搜索时，关键就是找到一个特定的起点，比如一个人的名字加上一个相关的事实（比如此人的发明、工作地点或是专业知识的具体内容）。有可能出现的情况是，伊拉克问题分析人员可以搜索在“巴格达”各大高校工作的所有“炭

疽”专家，但配对后可以指向“某位有能力生产生物武器制剂的伊拉克科学家”的关键字组合有太多种可能，因此把它们逐一配对的做法，将是一件令人望而却步的事情。人们需要对历史基线开展更加一般化的搜索，从中取得线索。

情报界挑战：我们如何才能提供用于数据挖掘的描述，以便进行可独立于历史基线工作的数据检索？再问一次，我们如何使用计算机智能程序，去取代缺失的历史学家？

（四）要想发现“新型”情报，就需要使用新模型去重新搜索数据

数据挖掘可以轻易追踪具有已知交互的已知实体，但几乎不可能识别与未知实体的新型交互，即使数据就包含在数据集里也是如此。

笔者女儿的项目作业并非“新型”，因为最终她只是检索并汇集了历史学家的研究成果。但是对于伊拉克问题分析人员来说，并没有历史基线（即没有关于伊拉克科学家的机密历史研究）。又或者，如果说该项目可能正在处理一个全新的问题（也就是说，如果我们正在寻找的科学家，其实是伊拉克招募的俄罗斯科学家），在这种情况下，这个项目就是真正“新型”的，因为他们必须寻找的关系完全是在人们意料之外的。或许数据从未被搜集到，但如果数据就包含在数据集里，或许它并不适合直接分析。

数据挖掘可以轻易找出已知的“坏人”，但不太擅长识别出新的“坏人”，除非有线人说“这个新人很可疑，你应该查查他”。这便是“海量”数据带来的真正挑战：“我们如何才能对现有数据集进行数据挖掘，找出未知实体之间的新关系？”但是，如果没有方法来提取数据集所有实体，也没有方法来描述它们之间所有可能的交互类型，这也不可能。

历史学家和其他研究人员（事实上有时甚至是八年级学生）有一种组织数据的简单方法，可以用来解决这个问题，那就是屡试不爽的索引卡（又称 3×5 卡，即 3 英寸乘 5 英寸的卡牌）。搜集到相关文档后，研究人员会在编目或索引的帮助下，查找并阅读具有相关性的部分（如果交互没有得到精心定义的话，有时就只能看完整个文档），然后在索引卡上写

下这些交互，每个交互只写一句话（以及参考文献数据）。以这种方法将所有当前相关文档全部解析完毕之后，遵循可以讲述某一个故事的交互线索，将所有索引卡全部重新排列组合。将不同卡牌以不同的方式排序，这样我们就可以使用同一组索引卡讲述多个故事。然后，历史学家就可以讲述手头项目的那个故事，并保存所有卡牌，供以后重新分析使用。通常来说，使用索引卡组并遵循相应线索排序时，“新型”关系就会浮现，从而讲述让人意想不到的故事。

从本质上讲，关系数据库不过是索引卡组的电子版本而已。关系数据库的优点是，在输入各个交互之后，电子索引卡就能够以多种方式进行排序和重新排序。但关系数据库和索引卡组也都有限制；不管电子界面和工具有多先进，也不管装索引卡的盒子有多大或有多华丽，挖掘新数据的能力只取决于组成数据集的“卡牌”的质量和数量。

情报界挑战：我们如何迅速建立必要的庞大的关系数据集，以此处理那些需要情报界分析的广泛问题？历史学家或研究人员如何会被取代，代之以能够有效地阅读并理解语言，从而创建有效电子“索引卡”文件的电子工具？

在使用情报界可以获得的海量数据时，主要问题与其说是出在数据的绝对数量上，倒不如说是因为没有历史学家去建立知识基线，以及没有图书馆员和馆长去对数据进行组织和标记以便开展检索。我们必须心悦诚服地接受以下事实：其他依赖信息的组织可以聘请历史学家、图书馆员和馆长等人员，让他们去支持研究人员，但情报界是不可能这样做的。这意味着我们必须设法绕过对图书馆员和馆长的需求，具体做法就是将这些功能自动化，也就是开发出可以用来存档和检索数据的计算机工具。

四、范例 2：潜艇兵的纯方位角瞄准问题

“海量”数据也可以包含维度更多的数据，可以借助可用的数据搜集、

分析或呈现工具加以处理。

潜艇兵每天都要处理数据维度的问题。我们可以使用一种简单的潜艇纯方位角（bearing-only）“时间—运动”分析，证明如果搜集和分析数据的方法没有考虑到问题的维度，那么只有四个数据点的数据集，对于分析人员来说可能就会过于“海量”，因此无法得出有意义的答案。

在潜艇对战时，潜艇兵通常会使用被动声呐，因为它只能搜集目标的方位。要想获得直接距离，就要使用主动声呐，但潜艇兵并不愿意使用主动声呐，因为它会暴露自身的位置。接下来，被动声呐测出的方位将被标出，用于分析目标的航向、速度和距离。

潜艇兵需要知道目标现在的位置以及它的意图，这样才能实施拦截。每个潜艇兵都知道，完整的目标描述包含四个不同的参数：方位、距离、航向和速度。因此，至少需要四个观察值，才能定义四个参数。如果只有方位（如图 6−2 所示），目标的可能轨迹就是观察到的这些方位之间的一系列矢量，它们可以用来定义一条直线。不幸的是，可以看出，从数学意义上讲，要想确定距离，间接依据不但要有目标的航向矢量，还要有“本船”的航向矢量。由此可知，如果“本船”保持航向不变，使用一组标注的方位线，就可以求出有无限多个可能的目标描述。这意味着，在使用纯方位角方法时，除非本船作出机动动作，否则求出的解的维度将大于数据的维度，不可能求出目标描述！

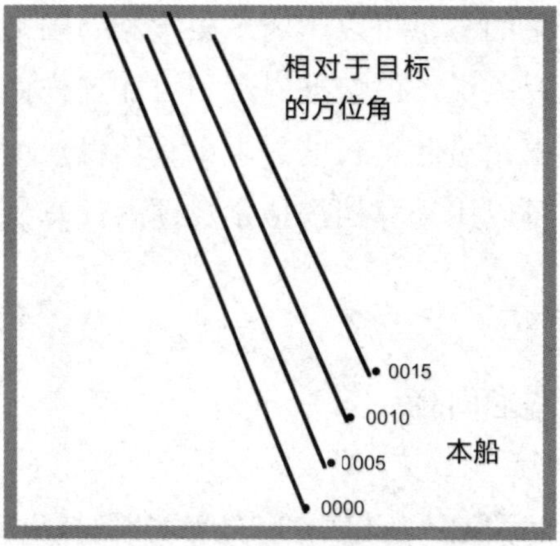

图6−1

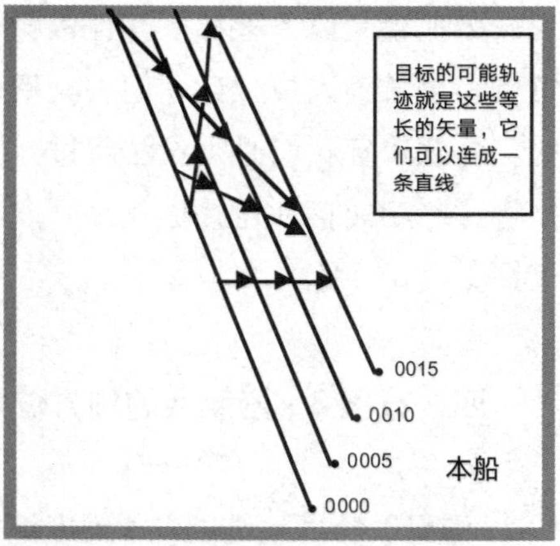

图6−2

因此，潜艇兵知道，用以解决纯方位角“时间—运动”分析问题所需的数据集，需要在两个不同的“本船”航向上，至少进行两次观测才行。只有在本船搜集了两个方位，然后作出机动动作并再搜集两个方位之后，才能尝试求解（如图 6-3 所示）。这既可以驱动潜艇兵将思绪集中在数据搜集上，也可以让他变得更有耐心，知道何时才有可能求出此解。

和潜艇兵一样，情报分析人员也需要知道目标的当前位置和意图——但分析人员的目标要复杂得多。简单的潜艇“时间—运动”分析问题可以告诉我们，在确定位置和意图时，关于适当维度的数据的最小量是多少。要想搜集所需数据，就需要作出规划，以确保数据的维度能够支持问题的维度。此外，搜集和分析数据也需要一定的时间。

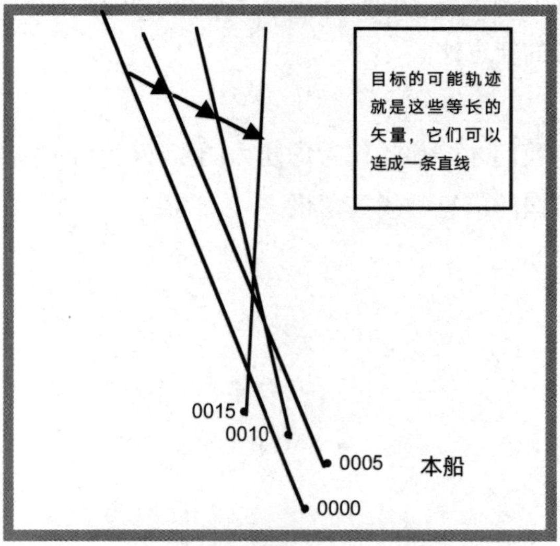

图6-3

历史（经验）在确定意图方面非常重要！除非知道目标去过哪里，否则我们无法知道它将要去哪里。问题越复杂，必须搜集和分析的历史事实就越多，这样才便于建立一个既能反映目标当前位置，又能反映预测意图的模型。

分析方法需要依靠能够反映问题维度的数据。如果数据的维度不能反映问题的维度，搜集和分析海量数据也就无法提供有效评估。此外，需要使用分析方法去评估当前位置和预测意图。

如果希望方法论可以预测目标未来的意图，它的基础就必须是在过去更长一段时期内的数据集合。在当前的情报世界，数据不能用于制作预警情报。为了能够在一个大规模杀伤性武器和恐怖主义的世界里提供战术或战略预警，我们必须着手重建情报界，具体措施如下：

- 超越牛顿思维，使用建立在量子思维基础上的新的分析方法。
- 设法绕过我们没有历史学家、图书馆员和馆长的困境，创建可以搜集、编目和检索数据的新方法。
- 超越二维牛顿世界，创建基于量子思维，可以让我们在多个维度上进行思考的新方法。

只有这样，我们才能超越仅考虑能力的工业时代的牛顿情报，进入同时考虑能力和意图的信息时代的情报。

第 7 章
从动态情报到战略预警

要想打击大规模杀伤性武器和恐怖主义扩散网络，就需要信息时代的组织，它们必须有能力处理情报，并且作出的决策必须不同于冷战时期工业时代的组织。使用决策循环（OODA 循环）这种模型来呈现组织的工作流程，这种做法表明组织的性质（是网络结构，还是阶层结构）取决于它的目标和所处的环境。要想有能力提供战略预警，情报界内部的信息流就要发生变化，也就是改变组织处理信息的方式。

如果指挥官无法理解信息，那么信息越多，价值越小。美国海军陆战队前中将伯纳德·特雷纳（Bernard Trainor）指出，即使在 1991 年，那时流入施瓦茨科普夫（Schwarzkopf）[1] 总部的信息远比现在少得多，但人们依然很难把最优质的信息分离出来。特雷纳是《将军的战争：海湾冲突的内幕》（*The General's War: The Inside Story of the Conflict in the Gulf*）一书的合著者之一，他说："这就像一条消防水管开始喷水，人们得到的是自己不感兴趣或对自己没有价值的信息，而那些（有价值的）信息却到不了

[1] 时任海湾战争多国部队总司令。——译注

他们的手中。我认为这个问题并没有得到解决。”[1]

伊拉克战争指挥高层内心最大的担忧，可以反映出战争信息过载的新特征，以及想在位于卡塔尔的高科技指挥中心对战斗进行微观管理的那种诱惑。[2]

信息过载是情报界面临的一个新现实。以前，情报报告非常稀缺，也非常宝贵。试想一下，二战情报分析人员会不会说：“我没时间看完放在办公桌上的所有材料。”但在今天，这种事情并不鲜见，因为海量数据存储在情报界的数据库里，其中大部分从未被人看过。

在苏联人造卫星升空和“9·11”恐怖袭击之后，美国情报界愈加沮丧，因为他们没能提供战略预警，甚至没能提供战术预警。然而，情报界的计算机数据库里依然充斥着海量的数据。

今天，美国国防情报局正在推进一个项目，可以在未来五年内消除那些微小但潜在致命的错误，以防它们扩散至整个情报界。这个项目被称为“联合情报虚拟架构”（JIVA），目标是帮助分析人员克服信息过载问题，具体做法是将以前共享关键情报数据的那种临时流程，变为完全数字化的动态环境。[3]

情报界一直都在开展建设和重建工作，并倾注了大量资源去解决“数据库问题”。然而，看起来几乎没有迹象显示取得了真正进展。这些数据库似乎不够资格，无法被转化为更有价值的情报。为什么不行呢？辛西

[1] Andrea Stone, “Battlefield Clearly Visible Far Behind the Lines,” *USA Today*, 13 March 2003, 9A.

[2] Paul Martin, “Glut Of Data From Battlefield A New Command Problem,” *Washington Times*, 19 March 2003, A12.

[3] Daniel Verton, *Federal Computer Week*, 18 October 1999. URL: www.fcw.com.

娅·格拉博提供了这样一条线索：

情报由许多不同方面和类型的信息组成，有的简单，有的复杂，有的容易被非专业人员理解，有的就需要经过详细的研究和分析，然后用户才能看懂。如果情报唯一的职能是汇编“事实”，那么就不需要任何类型的分析人员了。情报流程就是评估几乎所有搜集到的原始数据，以判断它们的准确性，随后不做任何进一步的评论或分析，直接传递给政策官员。[1]

动态情报不同于战术预警和战略预警。格拉博女士指出，预警情报的关键不是搜集，而是分析。充斥着海量数据的更大的数据库并不等同于更好的预警。只有更好的分析和提供背景资料的能力，才可以提供更好的预警。

要想设计出更好的分析，首先必须了解我们的思考方式和分析方法。问题不在于任何个体是如何思考的，而在于如何调动情报界的全部脑力，使之能够作为一个整体进行思考。在建立有效的数据库之前，我们必须首先了解当前组织中的情报与运行之间的相互作用，从而了解这些数据库能做什么，以及不能做什么。

一、情报与运行之间的权衡

约翰·博伊德上校在定义军事决策时，使用的是“决策循环”，又称“OODA 循环”，即决策者进行观察、定位、决策和行动。因此，将任何军事或政治系统进行简单的可视化之后，就可以得到一条时间线。

[1] Cynthia M. Grabo, *Anticipating Surprise: Analysis for Strategic Warning*, ed. Jan Goldman (Washington DC: Joint Military Intelligence College’s Center for Strategic Intelligence Research, 2002), 133.

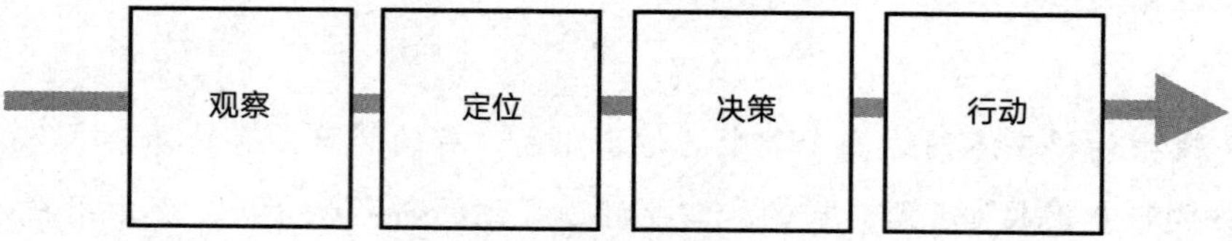

图7-1

每个 OODA 循环本身可以分解成若干组成部分，每个组成部分也都是一个 OODA 循环。例如，诺曼底登陆能否成功，取决于盟军是否有能力在几次大西洋风暴之间投放进攻部队。为此必须：观察冰岛和大西洋的天气，在气象图上定位所有数据，作出应当出发的决策，并采取投放进攻部队的行动。在这些步骤中，每个步骤本身就是一个 OODA 循环：

- 气象学家在冰岛进行“观察”时，使用仪器来测量风速和气压，对仪器上的标记进行定位，也就是读取它们显示出的读数，作出将读数发给英国的决策，并采取了使用无线电发送读数的行动。
- 气象学家在英国进行“定位”时，观察了所有传入报告读数的无线电信息，在气象图上对它们进行定位，在判定其意义的问题上作出决策，并采取了向艾森豪威尔将军作出简报称时机成熟的行动。
- “决策者”艾森豪威尔将军观察了天气简报，根据自己内心的时间线和经验对这些信息进行定位，作出时机成熟的判断决策，并采取了下达“出发”命令的行动。
- 进攻部队中的所有“行动者”和部队观察到艾森豪威尔下达的命令，根据自己的行动命令对其进行定位，作出时机成熟的判断决策，并以协同方式采取了发动进攻的行动。

在每一个层层嵌套的 OODA 循环中，都会存在一个计划，也就是从概念（需要做什么）直到成熟（实际完成它）的一系列系统性步骤。

随着组织从松散的联盟发展到集成的“系统构成的系统”，该组织的各个组成部分重新定义了自己的功能：从以并行方式开展工作，发展到以集成团队的方式开展工作。信息时代对优质情报和预警分析的需求日益增长，这要求情报界明确定义其各个下属机构的职能，以便充分利用其最稀缺的资产——分析人员。

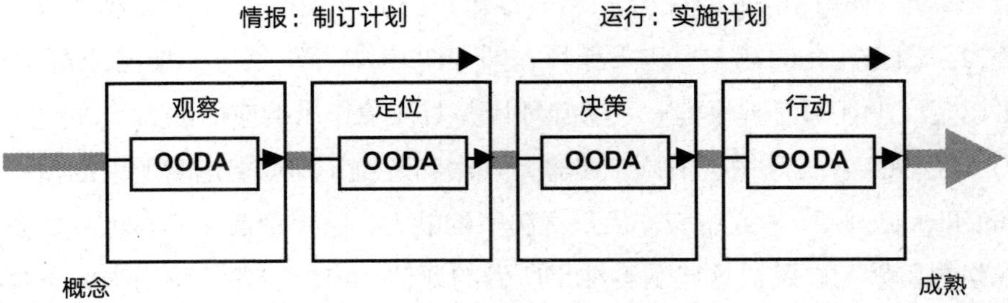

图7–2

二、集成多个决策循环，实现组织的进化

随着复杂性呈现出新的水平，复杂系统的进化流程也要经历一系列可定义的步骤。第一步就是让一组原本毫无关联的个体，组成一个新的单元。

由此产生的松散关联的组织，我们称之为网络（network），它是被共同的利益链接在一起的。所有个体（无论是有机体、有机体群体还是组织）都在共享自己的观察和定位（对这些观察所做的评估），但也保留自己决策和行动的权利。生物学的示例就是菌落（colony of bacteria），社会学的示例则是公社（commune）。即使决策是单独作出的，但如果网络中的所有成员达成共识，那么所有个体行动的组合，将比各部分相加之和要强大许多：炭疽或肉毒杆菌可以分泌毒素，从而以集体方式令感染者死亡，但如果只有一个或少量细菌，却是无法做到这一点的；而在公社里，共享一口公用水井的做法能让全体成员获益，即使每个人使用的是自己单独的水桶。各国为对抗某个公敌而组成的联盟，即使这些国家的战线根本没有连接在一起，也一样可以提供非常有效的共同防御，远远胜过单个国家开展的单独行动。

通常，组织会继续进化，最后超越网络，从而提供更好的机制，以确保行动是协调一致的。

所有生物系统都由四种特殊流程所定义，亦即四种能力：一是从环境中提取和存储能量的能力，二是感知并响应环境的能力，三是繁殖的能力，四是进化的能力。决策循环，即 OODA 循环只是另一种定义方法，可以定义上述第二种流程——感知环境并对环境作出响应的能力。

在 OODA 循环中，前两个步骤是观察和定位，即我们通常所说的情报（intelligence）。个体或组织作出最优决策的能力，直接取决于其对世界所做观察的质量，以及对这些观察结果所做的评估。定位步骤是将输入的观察结果与内部地图或世界模型进行比较，这样“定位者”或分析人员就可以定义自己在世界中的位置，并通过在内部地图上显示选项的做法来定义可能的行动，并预测它们是指向“礁石浅滩”，还是指向“安全港口”。

在 OODA 循环，也就是决策循环中，后两个步骤是决策和行动，即我们通常所说的运行（operation）。在内部地图上列出所有可能的选项，并对它们的优势和劣势进行评估之后，就可以作出决策，采取最优行动。有机体或组织的各个组成部分在执行行动时越是协调，这项行动就越是有效。

网络比那些由毫无关联的个体组成的群体更有优势，因为网络中的个体可以共享自己的观察和评估。这使得网络可以掌握更多信息，因为个体不但可以共享那些可能看得更远或听得更清楚的其他人员所做的观察，还可以共享那些可能拥有更精确地图或模型的人员对危险或可能发生的行动所做的评估。

网络无法提供相应机制来保证决策的连贯性或运行的协调性，这通常意味着网络会进化成第二种组织，即我们所说的阶层。在阶层中，个体会让自己的决策功能从属于某个领导者。这样可以使得阶层更加有效，因为这些个体可以根据该领导者所做的决策，以合作的方式朝着相同的目标努力。

网络和阶层都拥有胜过对方的天然优势，但孰优孰劣？正如化学家会使用理想的化合物——理想的气体和完美的晶体那样，我们也可以对完美的网络与完美的阶层进行比较，从而理解它们是如何运转的。我们想象不出“完美”的网络或阶层是什么样子时，就可以考虑最接近现实的示例：公社几乎就是一个纯粹的网络，而斯大林的苏联或萨达姆·侯赛因的伊拉克更像是纯粹的阶层。

三、网络与阶层孰优孰劣

网络拥有可以胜过阶层的优势，那就是观察和定位流程分布在整个组织之中，这意味着它可以调动所有个体的全部观察和评估技能，用以处理任何一个问题。网络中的沟通渠道是完全开放的，这样可以帮助它有效地感知世界，以及定位其在该环境中的位置。然而，组织运行必须在达成共识之后才能完成，但网络在决策或运行方面效率低下。网络是缜密周到和效果显著的，但也是速度缓慢和效率低下的。简而言之，网络的特点就是掌握信息但消极行动。

阶层也拥有胜过网络的优势，那就是决策系于某个个体的身上，这意味着行动总是整齐划一的，因为所有的个体都会服从领导者的命令。阶层中的沟通渠道是有限的，这样可以帮助它提高运行的效率。然而，正因为全部定位流程系于某个个体的身上，所以领导者有多聪明，阶层就有多聪明。阶层是速度极快和效率极高的，但也是流于表面且往往效果不彰的。简言之，阶层的特点就是不掌握信息但积极行动。

但孰优孰劣？是网络，还是阶层？这需要具体情况具体分析……对于有机体和组织来说，“优”的解决方案可以让有机体或组织生存下来，而“劣”的方案就意味着灭绝或政权更迭。

对于任何决策循环来说，关键在于是否有能力根据所有可用的观察数据，制订和实施可对环境作出最优响应的行动计划。任何有机体或组织都需要权衡三个方面：一是要今天还是要明天；二是要大炮还是要黄油；三是要情报还是要运行。

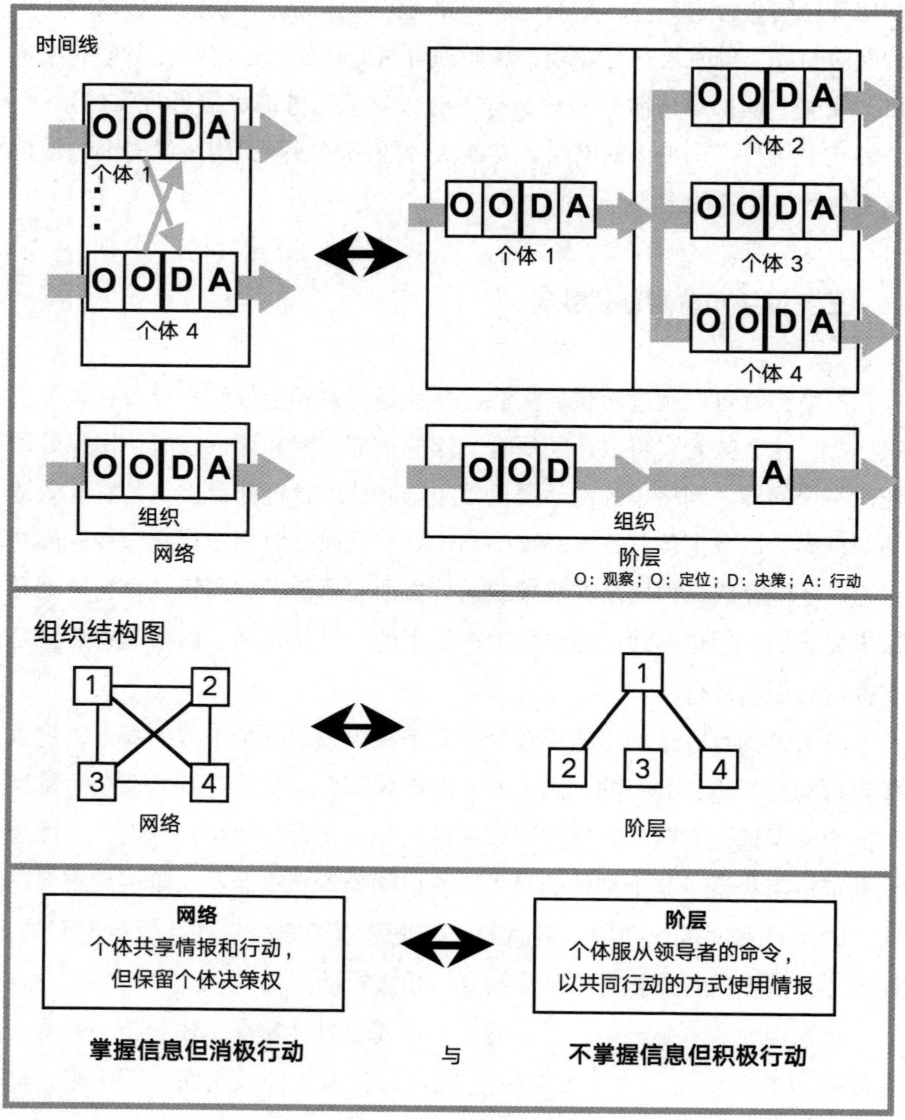

图7-3

权衡要现在还是要未来，是因为存在有机体或组织需要从环境中提取并存储能量，与需要繁殖之间的二元对立。为明天存储的资源越多，有机体或组织就能更好地利用明天的环境，不管那时环境到底怎样。然而，今天可以用于行动或繁殖的资源越多，有机体就越能更好地尽量利用今天的环境。在一个资源有限的世界，有机体或组织一直都面临这样的选择："资源到底是今天动用，还是留待明天？"

权衡要大炮还是要黄油，是因为存在有机体或组织需要感知环境并对环境作出响应，与需要繁殖之间的二元对立。将越多的资源投入能够有效维持今天有机体或组织的系统，即可以抵御环境威胁的"大炮"中，现有的有机体或组织在今天就越能更好地生存。然而，将越多的资源投入能够有效建立明天的后代有机体或组织的系统，即可以建立新基础设施的"黄油"中，有机体或组织的后代在明天就越能更好地生存。在一个资源有限的世界，有机体或组织一直都面临这样的选择："资源到底是用来生产大炮，还是生产黄油？"

权衡要情报还是要运行，是因为存在有机体或组织需要能够有效感知（观察和定位），与需要能够有效响应（决策和行动）之间的二元对立。有机体或组织千方百计地精心观察世界，并将观察结果整合到针对各种环境的应急计划当中时，它可以动用的资源越多，就越能在掌握信息的情况下作出决策。然而，有机体或组织用以作出快速决策和开展协调行动的资源越多，它就越能利用环境。在一个资源有限的世界，有机体或组织一直都面临这样的选择："资源到底是要用来实现更优质的情报，还是用来进行更有效的运行？"这个选择最终会被解读为："我是要把自己组织成网络，还是阶层？"

在任何一种情况下，哪种组织能够以最优方式完成决策循环，处理好"要今天还是要明天""要大炮还是要黄油""要情报还是要运行"等三项权衡，哪种组织就是最优的。

我们很快会看到，任何决策循环的临界点都是从定位向决策过渡的时候。这取决于内部世界地图和模型是否准确和完整，以及是否有能力针对所有可预见的未来，提供具有可操作性的选项。哪个组织能够制订并实施最有效且最高效的计划，哪个组织就可以胜出。

我们很快会看到，有机体或组织所做的选择，不仅可以决定将多少资源分配给情报，还可以决定最重视哪类情报：动态情报、战术预警，还是战略预警？

（一）在停滞期或平衡期——明天世界与今天世界相同时，阶层更有优势，此时只需要动态情报

第一种可能情况是，可将世界构建为连续的单值模型；也就是说，变化只会以渐进方式发生，任何给定输入都只有一个可能的输出。我们已经知道，这种条件是适合使用牛顿模型的，因为它在本质上是一种双方零和博弈。如果有机体或组织可以将其世界约等于双方零和博弈，同时假定双方中的对方不会改变参与博弈的方式，那么这种互补条件就适合使用牛顿思维，而阶层可以提供最优解决方案来处理以下三种权衡。

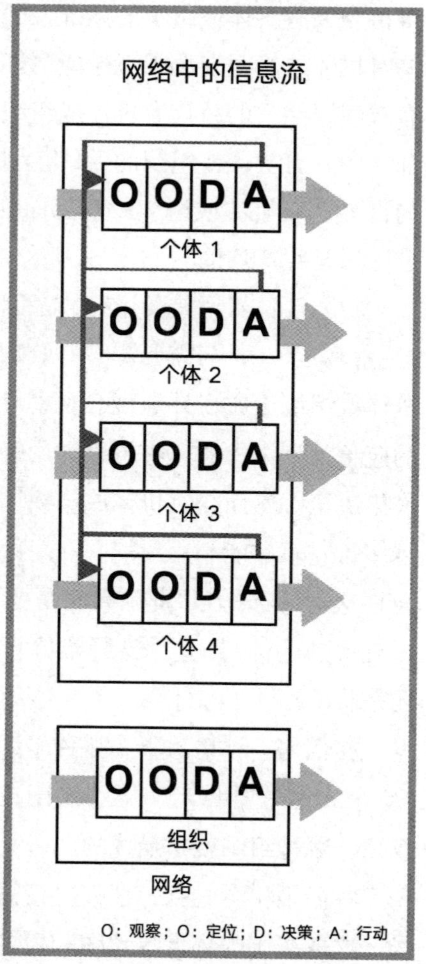

图7–4

1. 要大炮还是要黄油

在某个世界，如果威胁是定义明确的，而且能力或意图不会发生显著变化，此时就可以为威胁建立一个简单的牛顿模型，只存在一个主要威胁时更是如此。模型建立之后，它就是一个双方零和博弈，而在搜集了足够多的历史数据点并对

其进行验证之后，它就可以转化成一个“函数”，此时未来可以相当准确地被预测出来。获得答案之后，无论它是“先要黄油”“先要大炮”，还是“既要大炮又要黄油”，都可以为组织制订一个计划。届时，决策就可以轻易作出，而所有可能的资源也应当已经集中在实施计划上。因为阶层最擅长的就是运行，所以阶层就是最优选择。

2. 要今天还是要明天

如果说因为牛顿模型是连续的和单值的，所以它在今天是适用的，那么到了明天，它只会以渐进方式发生变化。如果所做计划已经考虑到任何偏离平衡的情况，比如逐步增长的军备竞赛，那么模型就不会发生变化，而且计划也不必改变。因为明天的计划看起来和今天的计划很像，所以制订计划时应当优化今天的“要大炮还是要黄油”的选择，同时应当无视明天，因为明天的变化程度并不足以改变计划。计划制订之后，阶层就是实施它的最优选择。

3. 要情报还是要运行

使用牛顿模型在静态世界制订计划之后，情报的用途就是核查计划，寻找需要纠正的微小偏差。所以说，在这种情况下，有机体或组织的大部分资源应当被用于运行。在一个静态的世界，动态情报是最为关键的，因为它可以提供持续但相当容易评估的反馈，以确保事情是按照计划进行的。

总结一下：

- 如果世界没有发生变化，并且计划已经制订，最好是将用于运行的资源最大化，以便实施这个计划。此时阶层就是最优选择。
- 在一个静态的世界，组织只需要足够的情报资源，能监视计划是否正确实施即可。
- 动态情报可以提供数据，以评估当前计划是否令人满意，足以用于当前运行。
- 在一个静态的世界，只需动态情报即可。

（二）在变化的时代——明天世界逐渐变得与今天世界有所不同时，可以平衡网络与阶层之间关系的指挥网络组织更具优势，此时战术预警变得最为重要

第二种可能情况是一种双方模型，它是量子的和多态的。这里的博弈只有两个参与方，但双方中的对方将在博弈流程中作出决策。因为牛顿模型没有考虑到决策，所以这种情况是超越牛顿模型的，即使模型是双方零和博弈也会如此。在这样一个世界，对手正在作出决策，比如改变计划，但这些决策是可预测的，组织可以在其总体计划中加入应急计划。比如，该组织已经作出评估，认为敌人将会开始敌对行动，并自我组织，以便在攻击到来时可以击败敌人。因此，已制订的计划考虑到敌对行动之前的运行，以及敌对行动期间的运行。我们所说的指挥网络（command network）是一种混合组织，它可以在这种条件下，提供最优解决方案来处理以下三种权衡。

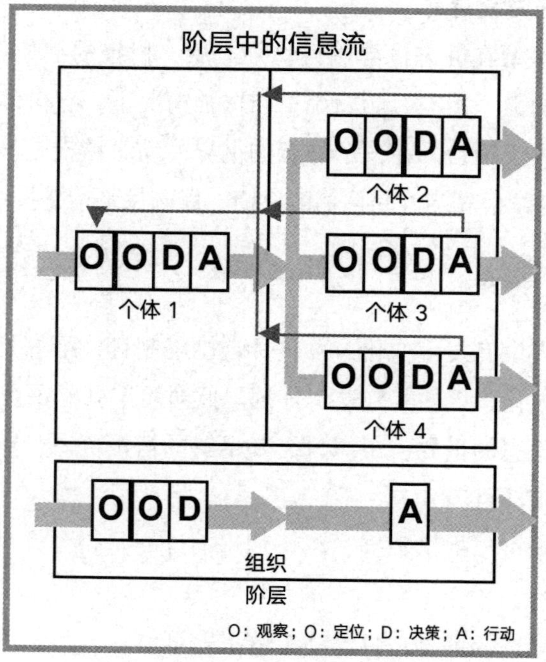

图7-5

1. 要大炮还是要黄油

在评估了敌人的总体计划，也就是敌对行动计划之后，己方的这个计划便已考虑到当前需将大炮和黄油结合起来的情况。因此，应当尽可能将资源分配给计划的实施工作，而且此事最好通过阶层来实现。然而，在敌对行动开始前的一段时间，还是需要战术预警的，如此才能在“敌对行动开始时，最佳应对措施是什么”这个问题上，向决策者提供选项。因此，必须在组织中建立足够庞大的情报网络，以提供正确的预测，进而作出战术预警。

2. 要今天还是要明天

在此背景下，“要今天还是要明天”这个问题，主要与敌对行动开始的时刻有关。因此，这个计划需要考虑多种应急计划，包括随敌对行动开始的时间和地点变化而变化的备选行动，以及是否有可能将先发制人打击列为计划中的选项之一等。然而，在这种条件下，所有计划都将变成战术性的，因为制订计划的目的是确定如何在总体计划中分配当前资源。

3. 要情报还是要运行

在这种条件下，组织必须具有灵活性。因为战争迫在眉睫，所以必须将组织建立成阶层结构，原因在于一旦战争爆发，它就是最有效的。届时，态势将恢复成双方零和博弈，而且前文指出，（只要战争还在进行）敌人的计划就不会发生变化。然而，在敌对行动开始之前（又或者如果敌人在战争期间对计划进行了重大的战术调整），组织必须有能力提供战术预警。至少在战前阶段，必须部署情报基础设施，目的是至少要能够回答“敌人将在什么时间和什么地点发动进攻”这个战术问题。因此，必须建立一个情报网络，它的功能应当尽可能近似纯粹的网络，这样才能提供最优质的情报，但它必须处于阶层框架的内部，这样才能支持决策和行动，进而支持这个计划。

总结一下：

● 如果世界将以可预测方式发生变化，即开始敌对行动，并且计划已经制订，最好是最大限度地将资源用于运行，以执行该项计划，但仍需提供足够的情报资产，以便能够以最有效的方式执行计划中的应急计划。最好的组织就是指挥网络，它在创建时即为阶层结构，但在计划中的决策点出现之前，它可以像网络那样运行。

- 战术预警可以提供数据，用来评估当前计划中何时必须涵盖应急计划，以支持当前和未来的运行。
- 在一个以可预测方式不断变化的世界，战术预警是必要的。

（三）在范式转移中——明天思维中的假定落后于今天时，网络更具优势，此时战略预警变得最为重要

第三种可能情况是，世界可被建模为一种多态的多参与方的量子现象；也就是说，变化将逐步发生，任何给定输入都有不止一个可能的输出，并且必须考虑多个参与方作出的行为。这些条件超越了牛顿模型以及双方零和博弈。此时，有机体或组织需要将世界建模为一个多方非零和博弈，并且必须假定其他参与方将在博弈流程中作出决策。在最坏情况的想定情景中，多个参与方全都需要根据自己的“要大炮还是要黄油”“要今天还是要明天”“要情报还是要运行”等权衡，独立地制订计划，另外组织必须根据情报制订计划并实施这些计划，而且知道其他所有参与方都在同一时间做着同样的事情。

1. 要大炮还是要黄油

在一个不断发生量子变化的世界，只有组织的基础设施强大，组织才会强大，而只有能够针对各种条件作出响应的基础设施才是最优的。在这样的世界，战争只是未来诸多可能中的一种，所以那些能够最大限度地提升能力，从而建立多样化基础设施的组织将是最有效的。因此，在这种条件下，最可能“黄油”的种类越多越好，组织越类似于那种由不同自治部分构成的网络越好。

2. 要今天还是要明天

在一个不断发生量子变化的世界，明天将是不同于今天的。因此，今天的任何计划都会以几乎瞬间的速度过时。网络必须有能力制订计划，以应对看起来最有可能发生的突发事件。

3. 要情报还是要运行

在一个不断发生量子变化的世界，网络就是关键，组织掌握的情报越是优质，就越能更好地应对这个不断变化的世界。此外，实施长期计划所需的大型昂贵的基础设施，很可能在使用之前就已经过时。因此，在这种环境下，最优质的情报能够正确预测足够遥远的未来，好为决策者提供最优计划，这种最优计划不但会考虑敌人计划发生的变化，还会考虑组织是否有能力在这个世界发生变化之前，重新分配组织的资源。如果有多种黄油和大炮，而且任何一种都可能在明天是最有效的，那么哪个组织能够以最优方式重新分配资源，哪个组织就是最有效的。在这种条件下，战略预警显得尤为重要。

总结一下：

- 如果世界将以复杂的方式不断发生变化，许多参与方也在不断地制订和实施计划，这时最优的做法就是最大限度地利用资源，好让情报组织能够有效地制订新的计划，从而重新分配资源。最优的组织是网络。
- 战略预警可以提供数据，用来评估何时必须制订新的计划，以支持当前和未来的运行。
- 在一个不断变化的复杂世界，战略预警就是人们需要的多样性。

到底是网络更好，还是阶层更好？需要具体情况具体分析。网络最擅长的是制订计划。网络可以提供最优质的情报，但不能以协调一致的方式开展行动。阶层最擅长的是实施计划。阶层可以快速有效地开展行动，但大多数时候都是盲目行事。

在静态世界，阶层更好，因为在这种环境下制订计划是一件简单的事情，而且组织可以调动手中资源来实施计划。

在动态世界，网络更好，因为在这种环境下制订计划是一件困难的事情，而且组织需要投入资源来制订应急计划……动态世界越是复杂，计划就越是需要变得更加复杂。

如果变化很小，小到可以忽略，组织就可以制订一个简单的计划，并一直坚持这个计划。此时需要的只有动态情报，目的是监视这个计划的进展情况。如果变化很小，而且是可以预测的，组织就需要制订一个可以包含应急计划的计划，并寻找可以指示这种变化的指标，据此作出决策，以确定应当实施哪些应急措施。此时战术预警才能提供这些指标。但是……

如果变化是持续的，并且极大，大到不论一个计划有多复杂，也无法考虑到所有可能的突发事件，那么组织就必须有能力制订一个新的计划，即使它正在执行旧计划也需如此。这就是战略预警的意义所在。

当前这些美国军方和情报界的组织，都是为了应对工业时代的战争而建立起来的。在工业时代，需要的只有动态情报和战术预警，因为战略预警可以由决策者自己进行，并不需要情报界提供任何额外的帮助。例如：

- 日本轰炸珍珠港，标志着敌对行动的开始。这时罗斯福可以立即拿出一个战略计划，将美国资源从“黄油”重新分配给“大炮”。
- 苏联发射人造卫星，标志着一个新时代的开始。这时艾森豪威尔和美国可以立即拿出一个新的战略计划，对美国资源进行重新分配，从“只要黄油”变成“既要大炮也要黄油”，以及成立一支随时待命的常设战略部队，负责对苏联的任何攻击作出即时反应。但是，在新的战略计划已经就位，以及计划中的所有应急计划也已拟定完毕之后，美国就只需战术预警，便可以在这个计划的各个决策点开展评估和提供指导。

但“9·11”改变了这一切。如果多个参与方正在制造大规模杀伤性武器，恐怖分子也可在任何时间任何地点发动袭击，那么在这样一个世界，我们怎样才能制订出一个计划去打击大规模杀伤性武器和恐怖主义呢？这就需要战略预警，但在一个不断变化的多方世界中，提供战略预警似乎是一件不可能做到的事情。

因此，我们必须开始做这件不可能的事情……在情报界建立一个组织，让它能够在这个大规模杀伤性武器和恐怖主义的世界，提供战略预警。

四、从工业时代到信息时代：情报与运行之间的新平衡

决策循环非常奇怪，因为最有利的做法是尽可能长时间地停留在“情报”半环（观察和定位），同时尽快地实施“运行”半环（决策和行动）。要想制订一个计划，最好是将信息的数量最大化，所以当一个组织处于 OODA 循环中的“情报”半环时，它倾向于尽可能长时间地停留在此。然而，一旦作出决策并执行计划，最有利的做法是尽快地完成计划，因为在这个循环的“运行”半环中，组织基本上都是在盲目行事。

关于决策循环的一个基本经验教训是，哪个组织能够“进入敌人的决策循环”，哪个组织就会获得胜利。从本质上讲，如果组织制订计划的依据是当前对敌人和世界所做的评估，并且能够比敌人更快地完成计划，它就可以获得优势，即先于敌人进入下一个决策循环，并能够制订一个可以考虑到当前循环中发生一切的更好的新计划。在决策循环中，反馈是可能实现的，这样就可以开展监视，确保计划进展顺利，或是确保应急决策已被纳入计划当中，但是只有进入下一个决策循环之后，组织才能从头开始，制订一个可以考虑到当前循环中发生一切的新计划。

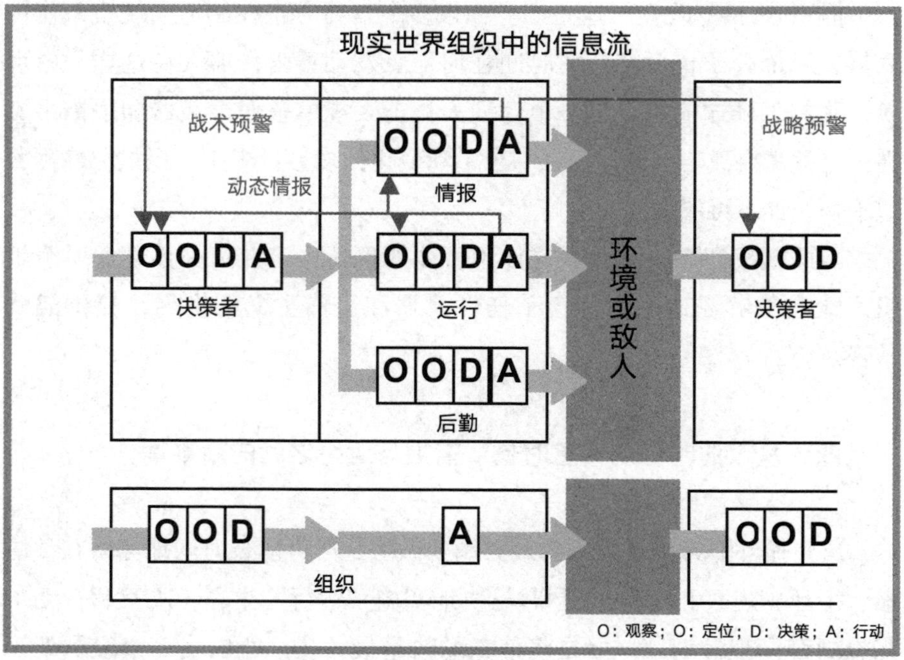

图7–6

动态情报和战术预警都是被动的。它们假定组织的计划已经拟好并正在执行当中，也在寻找相应指标，观察计划是进展顺利，还是已经遇到计划中的突发事件（决策点）。“如果他们实施A，那么我们就实施Y，但是如果他们实施B，那么我们就实施Z。”在这两种模式中，不论哪种，都是决策者在驱动情报。他们已经有了一个计划，而情报可以提供反馈回路，以监视这个计划的运行情况。因此，决策者可以定义他们对当前计划的要求，以此驱动动态情报和战术预警。

战略预警是主动的。它假定在当前的组织计划执行完毕之后，世界将会变得不同，也假定新的计划必须重新分配当前的资源，以实施这个计划。任何复杂的计划都需要时间来实施和完成，而且在作出实施某个计划的决策之后，相比停下来重新制订另一个计划，通常还是完成这个计划的做法更为有效。战略预警可以提供资源输入，以此计划下一个决策循环。

因此，战略预警最终必须由分析人员驱动。

但更加困难的是……真正的战略预警不仅需要提前计划进入下一个决策循环，还需要提前计划进入下一个决策循环之后的那个决策循环！

总的来说——如果可以就此进行总结，如果在某些情况下，政策官员可以采取外交举措等初步行动，同时既不会招致重大风险，也不会要求投入大量资源，那么他可能最容易采信不太站得住脚的早期预警。如果届时他不得不重新部署军事力量或征召预备役人员，特别是如果他认为威胁并非迫在眉睫，或是认为己方行动可能导致敌人作出军事方面的反应并造成局势升级，他就不太可能作出如此反应。如果潜在危险看起来仍然非常遥远，而且可能需要对刚刚制定的国家政策进行重大调整，这时他就不希望收到这方面的预警了。[1]

要想提供充分的战略预警，首先需要承认当前组织并没有以正确的方式分配资源，难以应对环境或威胁，接下来还需要制订一个能够重建组织的计划，从而以正确的方式应对环境或威胁。如果战略分析人员说“我们当前的组织和资源无法应对威胁”，其实是差强人意的。战略分析人员还必须计划后面两个决策循环：第一个计划是一个基础设施的 OODA 循环，应当详细说明将如何重新分配资源，如何建立新的组织，以管理那些必须建立的东西；第二个计划应当是一个运行方面的 OODA 循环，应当详细说明新组织将如何采取行动，使用新的资源去应对那些将会在新基础设施到位之后出现的环境或威胁。

因此，进行战略预警不但必须彻底了解敌人，以及敌方决策将如何造成变化，令当前的基础设施无法作出正确的应对，还需要了解分析人员自己的组织，以及为了重组己方基础设施而可能作出的决策。动态情报可以

[1] Cynthia M. Grabo, *Anticipating Surprise: Analysis for Strategic Warning*, ed. Jan Goldman (Washington DC: Joint Military Intelligence College's Center for Strategic Intelligence Research, 2002), 143.

提供关于当前计划进展情况的反馈。战术情报可以提供关于如何在当前计划中实施应急计划的反馈，而且该反馈应当涵盖关于敌人或环境的新情报。战略情报必须提供关于如何制订新计划的“前馈”，即应当首先制订如何将现有资源重新分配给新基础设施的计划，然后才是制订如何使用新基础设施来应对敌人和环境的计划。“只有在传递给政策制定者之后，预警才是预警，而且政策制定者必须知道自己已接收预警。”[1]

为了重建情报界，使之从工业时代的组织变为新的信息时代的组织，我们首先必须拟出一套新的假定：

- 在工业时代，行动是成功的关键。在信息时代，定位是成功的关键。
- 行动取决于士兵。定位取决于分析人员。
- 行动最好通过阶层来实现。定位最好通过网络来实现。
- 行动需有动态情报和战术预警提供帮助，以确保当前的决策循环可以成功。定位最好由战略预警提供帮助，以确保下一个决策循环可以成功……以及再下一个也可以成功。

动态情报和战术预警可以告诉政策制定者他想要知道什么。战略预警可以告诉政策制定者他需要知道什么。

[1] Cynthia M. Grabo, *Anticipating Surprise: Analysis for Strategic Warning*, ed. Jan Goldman (Washington DC: Joint Military Intelligence College's Center for Strategic Intelligence Research, 2002), 14.

第 8 章
对决策循环建模

生物系统的定义标准是它们做什么，而不是它们是什么。生物系统的动态模型是有机体和组织，可以使用约翰·博伊德上校开发的决策循环，也就是 OODA 循环来建立这种模型。

外行谈战术，内行谈后勤。

——军事俗语

我们是如何从当下走向前方的？“数据库问题”或“系统组成的系统”引发的讨论日增，世界是否变得太过复杂，已令人脑无法理解？笔者认为，这个世界看起来如此复杂，只是因为我们世界观和思维流程的基础是我们在学校学到的东西……而这些东西的基础却是牛顿科学。

牛顿科学的基础是关于人们对物理宇宙认识的理论。人们提出了许多观点，也开展了大量讨论，想要超越牛顿，建立被称为“混沌理论”或“复杂性理论”的体系。但最终，目前关于复杂性科学的理论全部宣告失败，因为它们的基础是牛顿假定……没有历史记录的函数……最重要的是，没有决策。这就是问题所在。

只有在被描述为量子和多态时，决策才是最有用的。人们可以从A出发，最后得到B或C，具体答案取决于具体环境。因此，一切针对决策系统进行的建模，如果其基础是牛顿假定，即认为世界是连续的和单值的，那么这些模型必然存在缺陷并带有误导性。

在对世界建模时，如果想以决策循环作为基础，首先需要有一组可以承认决策的假定。

因此，我们需要更加仔细地研究决策循环，以确定到底哪些地方适合使用互补原理；换言之，工业时代的牛顿假定在哪些地方是约等于现实世界的，在哪些地方却是严重不适用的。

如果我们重新绘制决策循环在组织中的运行方式，不但可以看出为什么牛顿思维在对循环建模时会受到限制，还可以看出为什么基于当前技术、旨在改进情报流程的方法会失败。

决策循环不仅存在于物理世界，也存在于认知世界或组织世界，因此它可以超越牛顿思维。在循环的观察阶段，观察者可以直接与物理世界交互，对物理实体进行测量或感知，然后将其转化成关于现实的符号象征。在冰岛为诺曼底登陆提供支持的气象学家测量了风向和风速，以及气压，但在传输其所搜集的数据时，使用的是符号格式（305o@25kt/28.5"Hg）。然后，这些符号数据被传给位于英国的气象学家，后者将所有符号标注在地图上，而地图本身就是关于物理世界的符号象征。接下来，他将对气象图上的所有数据进行定位，再展示给艾森豪威尔将军，而艾森豪威尔将军将根据这种符号化的世界观作出决策，并确定最佳计划。随后艾森豪威尔将以符号形式传达“出发”的决策。最后，组织的运行部分将在可以影响物理实体（德国军队或环境）的物理世界采取行动。作为输入一方的观察和作为输出一方的行动，可以将组织世界与物理世界联系在一起，但定位和决策等阶段则完全存在于组织的认知世界里，而这个世界的基础完全是非牛顿的符号数据、地图、计划、决策和命令。

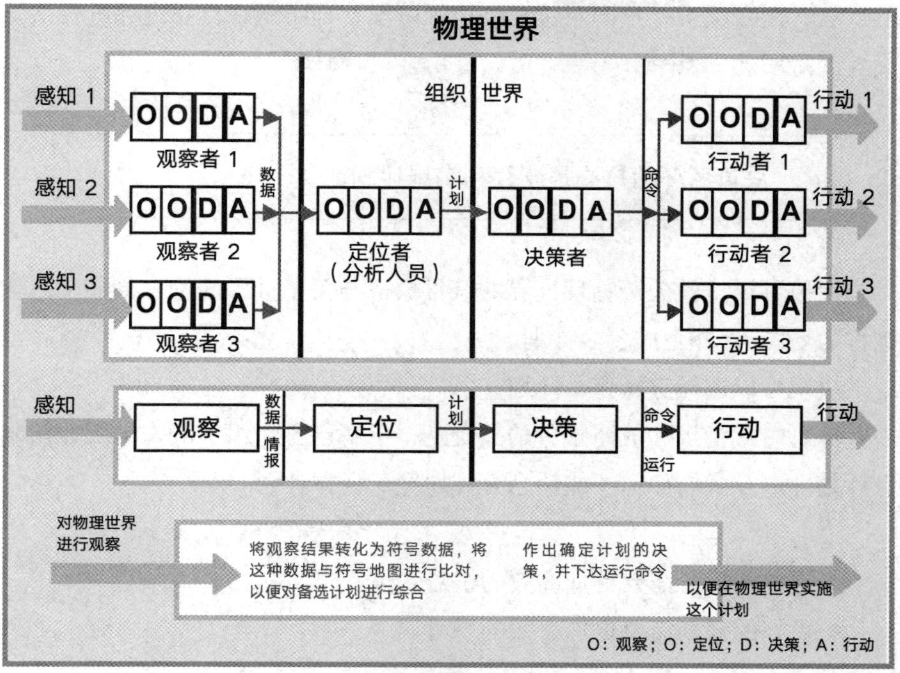

图8-1

迄今为止，使用信息技术的努力主要集中在决策循环的牛顿边缘，也就是发生在物理世界的观察和行动等阶段。因此，我们建立了物理系统，以此回答关于物理系统的问题。我们如何才能制造出更大更好的传感器，以便将更多数据加载到数据库中？我们如何才能更快地传递命令，好让作战部队更快地瞄准目标？然而，牛顿不能帮助我们进行定位和决策，因为这两个阶段都只存在于组织的认知世界。

观察者和行动者都在**处理**问题，基于物理模型的技术可以帮助他们以更快、更远或更强的方式**处理**问题。工业时代的技术可以提供机器辅助的方法，用在决策循环的观察和行动等阶段，即组织与物理世界进行交互的阶段。

定位者和决策者都在**思考**问题，基于生物或认知模型的技术可以帮助他们以更有效的方式**思考**问题。信息时代的技术最终可以提供计算机辅助的方法，用在决策循环的定位和决策等阶段，即组织在自身内部进行认知交互的阶段。

决策循环的核心是制订和实施计划。

定位可以比较关于物理世界的符号象征与关于世界的符号象征（通常被称为地图），并合成多个计划。

决策可以选择实施哪个计划。

信息时代情报和战略预警的关键是，了解己方组织和敌方组织如何制订计划，以及我们如何才能让己方计划优于敌方计划。

- 更好的运行需要更加高效的机器。
- 更好的计划需要更加有效的思考。

在一个快速变化的世界，关键在于必须能够建立一个能以最有效方式响应新环境的组织。其所需要的战略计划必须可以横跨两个决策循环：在后勤循环中，可以制订并实施一个计划，以便重新分配资源，从而建设新基础设施，也就是说，这个计划可以发展战时经济，进而从“要黄油”变成“要大炮”；而在运行循环中，可以制订一个计划，利用新的基础设施，以新的方式响应环境，也就是说，这个计划可以真正发动战争。

千里之行，始于足下。

——中国谚语

笔者希望完成的那个步骤是，能够制订一个计划，说明我们如何利用信息时代的技术，通过更好的战略情报来制订出更好的计划。

获得的经验胜过任何计划

在评估计划时会遇到一个问题，即在具体实施之前，谁也无法真正判断这个计划的优劣。不管世纪之交的飞行器计划有多么复杂且令人兴奋，证实莱特兄弟计划的证据还是他们的飞机确实离开了地面，飞上了天空。在“虚无产品”时代，在绘图板上使用 PowerPoint 幻灯片介绍的系统被吹捧为未来的潮流，但证据还是产品本身。如果一个可以提供更优质情报的计划真是一个更好的计划，那么人们就应该能够展示基于这个计划的情报产品。

因此，笔者将展示从某个概念原型中“获得的经验”；这个原型是笔者在美国国防情报局生物战评估处工作期间，在情报界许多同仁的帮助下建立的。笔者关于信息时代情报的战略计划包含两个部分：一是**方法部分**，详细介绍了一种关于计算机辅助多维战略分析的概念模型，这种模型不但分析了目标国家和恐怖组织，还分析了情报界本身，可以作为基础，用来重新定位当前思维和当前组织动态，以便生成更优质的情报，特别是战略预警；二是**案例研究部分**，详细介绍了这个计划的几种实施方式，展示新方法如何才能提供更优质的情报，以了解敌人的能力和意图。

如果你的思维具有系统性和逻辑性，请直接继续往下看……但如果你只是想着“先让我看看”，那请先看一下案例研究，等你认为自己在大规模杀伤性武器项目及如何处理它们等问题上的认识比以前更加深入之后，再请回来看看这是如何做到的。

一、假定：从工业时代的修补到信息时代的思考

针对组织决策建模的方法论是不能在牛顿世界建立的，其建立基础必须是量子假定。因此，在开始描述这种方法论之前，首先简单重申一下笔者从工业时代假定到信息时代假定的转变。

从

更大更快的技术——战场上的关键人物是将手指按在洲际弹道导弹发射按钮上的那个家伙。图像情报和测量与特征情报是工业时代目标瞄准的关键。

到

更聪明的思维——战场上的关键人物是骑在马背上，手持双筒望远镜、全球定位系统和激光笔的那个家伙。人力情报是信息时代目标瞄准的关键。历史非常重要。

从

对抗技术——射击所有目标，你总会击中你想击中的目标。

到

智胜决策者——只射击那些决定射击你的目标。

从

通过今天的函数，我可以预测未来。即时数据意味着即时决策。

到

只有了解过去，才能预测未来。历史非常重要！

从

瞄准目标——“我们”对抗“他们”，这是一个两极的世界。对分析来说，存在“万能钥匙”。

到

瞄准个体——这是一个多极的世界，每个国家、组织和个体都有不同的目标，以及实现这些目标的决策流程。对分析来说，需要具体情况具体分析。环境至关重要。

从

能力评估——评估基础是了解和识别事物，也就是武器和制造武器的设施。

到

意图评估——评估基础是了解相关人员和他们建立的组织、国家和文化，因为正是这些人员制造出大规模杀伤性武器。

从

根据动态情报和战术预警生成的被动情报。

到

根据战略预警生成的主动情报。

最后

真正的战略预警不仅需要提前计划进入下一个决策循环，还需要提前计划进入下一个决策循环之后的那个决策循环！

二、从战术思考到战略思考

为了超越牛顿的世界模型，我们需要为世界建立新的模型，它不仅包括物理世界，还包括认知组织世界。

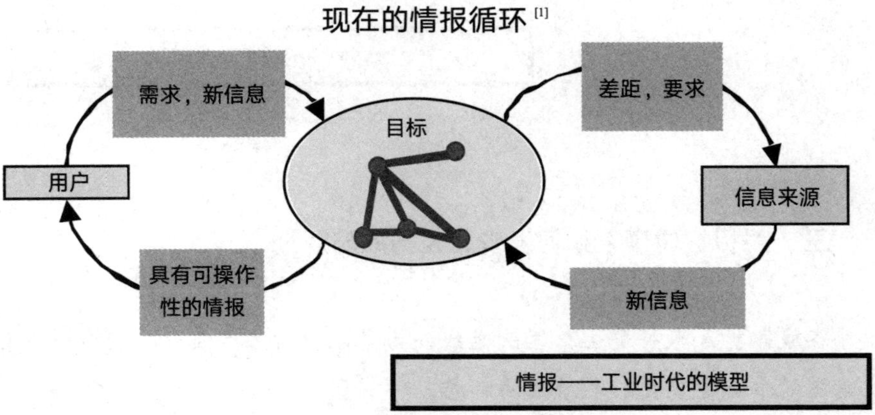

图8-2

情报界目前的思维是线性的——既存在于对敌人进行的建模中，也存在于情报界搜集、整理、分析和向用户展示成品情报的模型中。罗伯

[1] Robert M. Clark, Model-Based Predictive Techniques, Lecture at the National Security Agency, 2001.

特·克拉克[1]指出，我们需要重新定位我们的思维，应当考虑到整个流程中的非线性网络。这包括三个部分：对目标或敌人建模，对我们自己建模，以及对我们的建模方法建模。在信息时代，所有新方法都必须处理这三个问题，也都必须提供一种机制，将它们整合成一个连贯的整体。

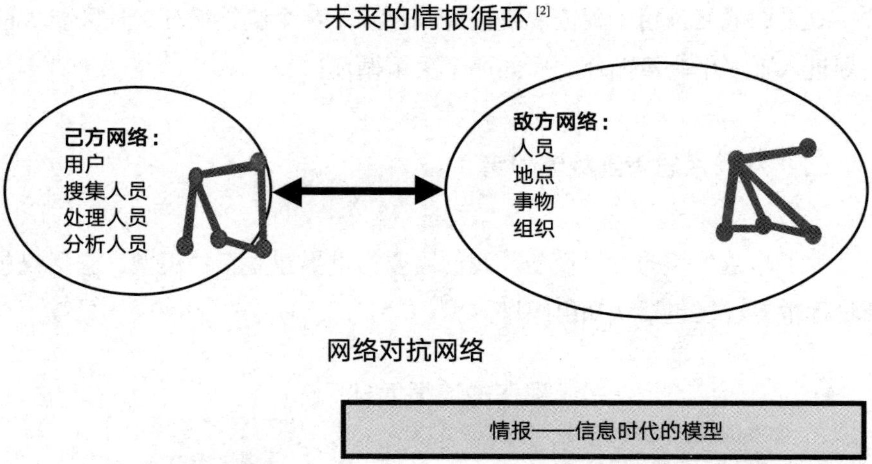

图8-3

三、对目标建模：如何发现敌人的战略计划

在战争史和预警史上，军队或战斗力量以异常方式集结，往往就是证实意图的唯一最重要和最有效的标志。[3]

---

[1] Robert M. Clark, Model-Based Predictive Techniques, Lecture at the National Security Agency, 2001.

[2] Robert M. Clark, Model-Based Predictive Techniques, Lecture at the National Security Agency, 2001.

[3] Cynthia M. Grabo, *Anticipating Surprise: Analysis for Strategic Warning*, ed. Jan Goldman (Washington DC: Joint Military Intelligence College's Center for Strategic Intelligence Research, 2002), 22.

"9·11"之后，"异常"（extraordinary）可以指一件大规模杀伤性武器或一次恐怖行为。它可以是一个发酵罐和作物喷粉机，也可能是一架被劫持的客机。不幸的是，情报界现在必须有能力抢在一次"异常"事件之前，认识其能力和意图并进行建模……从本质上讲，这就是典型的只知道"正常"，却硬要据此去预测"异常"。

认为情报只能正确处理能力，或只应该评估能力的理论，当然来自战地指挥官的要求。指挥官面前的军队将会对他发动攻击，又或者他正准备对军队发动攻击，因此必须掌握关于敌军能力的尽可能准确的评估。另外他在准备防御或计划进攻时，依据应当是敌人能做什么，而不是尝试猜测敌人可能会做什么。[1]

战斗人员主要关心的是敌人的能力。这是战术情报的范畴。

虽然这个概念是有效的，但并不意味着国家和战略层面的情报部门只应当开展能力评估。因为事实上，人们认为各层级的情报部门，特别是准备用来给政策官员提供指导的情报机构，也应当可以分析意图。[2]

政策制定者主要关心的是"意图问题"。这是战略情报的范畴。

在处理动态情报、战术情报和战略情报时，情报界目前在提供战略情报方面是最差的。但在大规模杀伤性武器和恐怖主义的世界，这必须成为我们的强项。笔者建议，这个流程的第一步就是在某次建模时对敌人进行镜像成像，因为我们可以利用这项举措，将重大弱点转化成重大优势。如

[1] Cynthia M. Grabo, *Anticipating Surprise: Analysis for Strategic Warning*, ed. Jan Goldman (Washington DC: Joint Military Intelligence College's Center for Strategic Intelligence Research, 2002), 17.

[2] Cynthia M. Grabo, *Anticipating Surprise: Analysis for Strategic Warning*, ed. Jan Goldman (Washington DC: Joint Military Intelligence College's Center for Strategic Intelligence Research, 2002), 18.

前所述，战略规划对我们来说很难实现，因为它需要两个决策循环：将资源重新分配给新计划的后勤循环，以及使用新基础设施来实施这个计划的运行循环。

笔者认为，任何战略计划，无论是己方的还是敌方的，都需要两个循环才能实施。大规模杀伤性武器项目早在武器本身存在之前就已经成为"项目"。每个大规模杀伤性武器项目都必须先经过制造武器的后勤循环，然后才是使用它们的运行循环。当然，制定大规模杀伤性武器项目或组建恐怖分子网络等活动都是战略性的，首先需要建立基础设施，以制造出国家使用的大规模杀伤性武器，或是恐怖分子使用的化学、生物、放射性、核或高爆武器。

> 后勤乃战斗之要。要想知道现代战争中后勤准备的范围是否广泛，种类是否多样，可以查阅预警指标清单，看看上面列出的后勤和运输等项目的具体数量。要知道，这些数量应当等于或大于其他任何项目的数量。如果能够随时掌握后勤准备的范围、程度和种类，我们不仅可以非常准确地了解敌人的能力，而且可以非常准确地洞察敌人的意图。[1]

针对敌国大规模杀伤性武器项目或恐怖网络的化学、生物、放射性、核或高爆武器项目提供战略预警的关键是，不但要了解运行决策循环，还要了解它前面的后勤决策循环。大规模杀伤性武器的研究、开发、生产和测试等后勤工作需要几年，有时甚至需要几十年，而且这些后勤活动可被对手用来提出战略预警。任何恐怖行动的后勤也都如出一辙，只是规模更小一些，而且取决于东道国的具体情况。

第一步：打造信息时代预警分析的第一步，就是制定一种对目标建模的方法，应当涵盖目标的战略规划，以及目标为了制造大规模杀伤性武器或化

---

[1] Cynthia M. Grabo, *Anticipating Surprise: Analysis for Strategic Warning*, ed. Jan Goldman (Washington DC: Joint Military Intelligence College's Center for Strategic Intelligence Research, 2002), 62.

学、生物、放射性、核或高爆武器，需要进行两个决策循环的规划流程。

四、对我们的建模方法建模：如何提供战略分析

我们如何提供战略分析，以制订我们自己的战略计划？

拥有一台电脑就像是有了一位职员，它可以计算一加一，一减一，也可以打开抽屉，告诉你里面有没有东西。它做这些事情的速度非常非常快。[1]

一旦开发出这样的方法，我们就需要想方设法，尽可能将这种方法自动化。但我们需要谨记一点：计算机是工具，只做编程让它做的事情。我们必须首先了解如何思考和生成战略情报，然后才能将这些方法自动化。笔者认为，迄今为止“解决数据库问题”的努力尚有不足，因为这一努力关心的是如何将数据**输入**数据库，而不是将信息**输出**。

第二步：打造信息时代预警分析的第二步，就是对我们的思维方式建模，即建立和检验假设，从而提供战略预警，如此我们就可以开发工具，帮助将这个流程自动化。

五、对我们自己建模：如何重新定位情报流程

我们如何重新定位情报流程，以便预警分析人员能够进行战略思考？

美国五角大楼部队转型办公室主任、退役海军中将阿瑟·塞布罗斯基（Arthur K. Cebrowski）指出：“网络中心战（network-centric warfare）与技术无关。这是一种新型战争理论。”他还说“力量已经转移到网络之中”，

[1] Dr. William Tolles, U.S Naval Postgraduate School, personal communication, 1971.

这番话放弃了力量来自民众的工业时代观点。如今，信息、信息的访问权限，以及信息传递的速度等因素可以决定战斗力……“网络中心战与技术无关，”一位业内专家重申，“人们想让它与技术有关，因为这样才更容易掌握它。”它是关于网络自身的，即关于不同的组织和文化，而这些都会让作战行动变得困难。它也是关于流程的，即如何让人们共享信息，以及如何改变文化。[1]

有了可以开展战略分析的方法论，以及可以帮助将分析自动化的计算机工具，接下来我们需要重新定位我们的组织，从而以合作的方式开展思考，进而提供战略预警。关于向着“网络中心战”发生转变，以及这种转变可能将以怎样的方式，彻底改变我们的战斗方式等问题，已有许多相关讨论。这个概念是前文内容的另一种表述方式：在巨大变革的时代，网络比阶层更加有效。但当前情报界的基础仍然是关于信息流和领导者的工业时代的阶层模型。

在工业时代，组织成立之后，应当使用基于牛顿模型的技术，以集体方式完成工作。牛顿范式的侧重点在于决策循环的运行部分（决策和行动），而利用当前的国家基础设施可以在作出决策之后，以有效并且几乎即时的方式采取行动。

在信息时代，组织成立之后，必须要在基于新模型的信息技术的辅助下制订战略计划。新范式的侧重点必须是决策循环的情报部分（观察和定位），这样利用未来的国家基础设施才能够以有效并且合作的方式开展思考，提供可以作出这些决策的计划。

第三步：打造信息时代预警分析的第三步，就是在情报界“重新定位箭头”——信息流和领导者开展交互的箭头，从而提供基于信息时代思维的机制，以便在国家决策循环的情报部分（观察和定位），提供战略情报和战略预警。

[1] William B. Scott and David Hughes, “Nascent Net-Centric War Gains Pentagon Toehold,” *Aviation Week & Space Technology*, 27 Jan 2003, 50, 53.

第 9 章
对目标建模

我们如何发现敌人的战略计划？打造信息时代预警分析的第一步，就是制定一种对目标建模的方法，应当涵盖目标的战略规划，以及目标为了制造大规模杀伤性武器或化学、生物、放射性、核或高爆武器，需要进行两个决策循环的规划流程。

一、对大规模杀伤性武器网络建模的问题

如果预警分析的最终目标是了解敌人将要采取哪些行动，那么掌握或认定敌人已经决定采取某项行动就是预警的终极成就……在分析流程中最应当优先考虑的事情，就是尝试在敌人做何决策这个问题上作出判断决策，但它往往会被搁置一边，让位于对正在发生的事件进行简单的事实报告，显然后者难度更低，争议也更少。[1]

人类网络与电子网络截然不同。它并不是互联网，而是人们之间的政

[1] Cynthia M. Grabo, *Anticipating Surprise: Analysis for Strategic Warning*, ed. Jan Goldman (Washington DC: Joint Military Intelligence College's Center for Strategic Intelligence Research, 2002), 103.

治和情感联系，人们必须彼此信任才能发挥作用，比如哥伦比亚贩毒集团、巴斯克分离主义者和爱尔兰共和军，那些公海海盗、非法移民走私者和大规模杀伤性武器的黑心中间商就更不用说了。[1]

大规模杀伤性武器项目是一种网络，建立的基础是多种交互：个人关系和组织关系、技术工艺和技术流程、运输网络和金融网络，以及电子连接网络。这些交互通常会被绘制成图表上的网络。多层网络图很快就会变得拥挤不堪，无法理解，因为它们包含多种类型的信息，而且在图上标注这些信息时，节点之间并没有定量关系，链路上也没有距离或顺序信息。

二、将网络可视化的维度和复杂性问题

可视化：这是一个高维度问题。

- 人类可以非常有效地在二维中实现可视化；最多可以艰难地在五维或六维中识别模式；
- 大多数高维数据的低维投影都是高斯的，因此并不是十分有趣；**解决方案：找出非高斯的低维视图或投影。**[2]

世界是六维的：空间是三维的（纬度、经度和高度，即 x、y、z），时间是一维的（t），能量是二维的（焓和熵，即 H 和 S）。目前的网络模型在空间关系方面已经做得相当完善，在时间关系方面做得差强人意，但几乎没有考虑到能量关系。此外，复杂系统由“盒子里的盒子”和“系统组成的系统”组成，因此网络也是有阶层的。这样可以增加一个新的“向

[1] Joel Garreau, “Disconnect the Dots,” *Washington Post*, 17 Sep 2001, C1.

[2] Dean W. Abbott, Abbott Consulting, *Data Mining: Level II*, Class Handout, 2001. 高斯模型天然就是牛顿模型，因此受限于上述牛顿模型所受的所有限制。

下钻取”（drill-down）问题，也就是某个复杂性层面的某单个节点，可以通过“自我内视”的方法扩展成一个关于自己的网络。由此可知，现实世界的网络实际上至少是 18 维的，即在三个复杂性层面（战略、战区和战术）都是六维的。要想绘制一个完整的网络，人们最多只能希望捕捉到有意义的、可理解的、能以明确方式彼此关联的二维或三维“横截面”。

三、在二维计算机屏幕上理解 n 维网络，并将其可视化

笔者提出一系列公理，可以系统地建立一系列嵌套式的网络图，应当涵盖组织和建立大规模杀伤性武器项目或恐怖网络所需的规划活动。这种将维度和复杂性形式化的做法，旨在通过可以理解的方式，解释这些示意图之间的相互关系，以及确定某一个事件是多维的。最重要的是，这些示意图可以捕捉整个项目所需的规划和组织活动，还可以展示关键人物的关系，以此隐晦地展示相关学说。

> **公理：**认识网络运行的关键是“定位箭头”，而不是“连接各点”。

所有生物系统的定义标准都是它们做什么，而不是它们是什么。军事政治系统也是如此。可将它们定义为生物系统的根本属性是：它们被组织起来以后，就可以执行功能。因此，在生物学中，流程可以定义结构。因为只关注这些结构，并不在乎它们是导弹、建筑还是生化武器制剂，同时忽视了它们的用途，所以情报界已经错过了报告中包含的大量非常有用的信息。

流程天然必有方向，因此需要在序列图（时间线）上通过箭头或向量进行绘制，或是在组织结构图上绘制为有方向的上下级关系。因此，要想了解组织是如何执行必要流程，从而制造和使用大规模杀伤性武器的，我们就必须定位箭头，而不是连接各点。

公理：要想标注空间、时间和能量，就需要地图、时间线和组织结构图。

物理和化学定律指出，宇宙的基本单位是空间、时间和能量。因此，可视化工具必须能够反映以上三者。反映它们的6个单位（x、y、z、t、H和S）都是自变量，因此都是正交的，也就是垂直的。由此可知，每个单位都可以在任何一种可视化图上表示为一个独立轴。

- 地图可以定义实体之间的空间关系。x与y、y与z，或是z与x构成的图像都是地图。在情报界，通常我们会使用纬度、经度和高度，而且在大多数情况下，高度是可以忽略不计的。为了实现情报界的大部分目的，n维网络的第一种“横截面”都是以x轴、y轴表示纬度和经度的地图。
- 时间线可以定义实体交互中的时间关系或事件顺序。“事物”与t构成的图像就是时间线。虽然在某些情况下，实际的时间单位对于分析来说可能并不重要，但事件的时间顺序一直都是非常重要的。为了实现情报界的大部分目的，n维网络的第二种“横截面”将是时间线，纵轴为“某物”，而时间顺序（或系列事件）通常会从左到右，依次标注。
- 组织结构图可以定义实体之间的能量关系。理想气体的能量组织通常都是在麦克斯韦－玻尔兹曼能量分布图（见图9-1）上进行可视化的，因为此图可以将焓和熵联系起来。对于生物和社会组织来说，焓对应权力，熵对应“组装程度”（见图9-1）。为了实现情报界的大部分目的，n维网络的第三种“横截面”将是一个组织结构图，纵轴是“权力”，横轴是“组装程度”。

定义军事政治组织的能量关系

化学家的能量图。化学家使用焓和熵来定义能量。焓（enthalpy）是关于将原子结合在一起的化学键或运动分子动能的量度；熵（entropy）是对系统“无序性”的量度。对于最简单的化学系统，即理想气体来说，人们可以使用麦克斯韦－玻尔兹曼图，将气体分子的能量分布可视化。如图所示，x 轴表示任意给定分子的能量，y 轴表示具有该能量的分子的数量。类似于将考试成绩分布情况可视化的更容易看懂的“正态分布”，麦克斯韦－玻尔兹曼图表示的意思是：少数气体分子具有极低的能量，少数具有极高的能量，而大部分具有中等能量。此外，化学家将“活化能”定义为分子发生化学反应所需的能量，在这个图里，只有那些位于“活化能”线右侧的分子才有足够的能量进行反应。

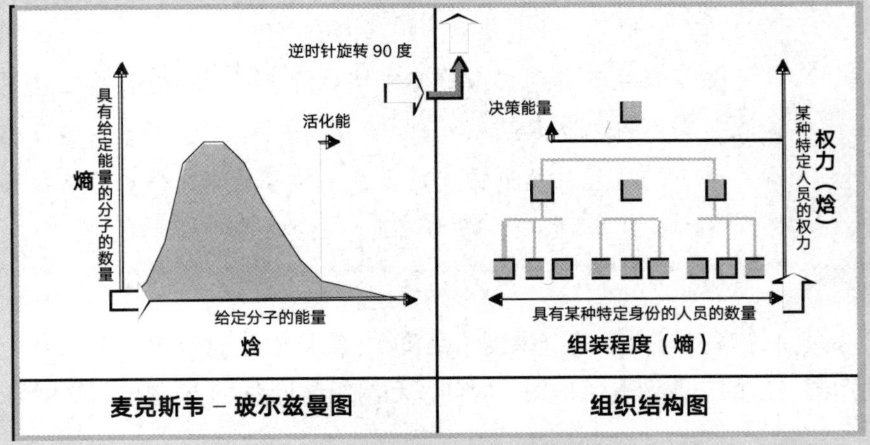

图9-1

分析人员的能量图。组织结构图在概念上与麦克斯韦－玻尔兹曼图相同，但它是麦克斯韦－玻尔兹曼图逆时针旋转 90 度得到的。在这种情况下，纵轴可以表示特定人员的相对权力，它很像麦克斯韦－玻尔兹曼图中给定分子的相对能量。横轴可以表示具有同等地位或级别的个体

（人员或组织单元）数量的“组装程度”。组织结构图中有一些隐性定量特征，但这些特征可以通过与化学麦克斯韦–玻尔兹曼图进行类比的方法，以显性方式加以定义：

- 将“决策能量”（它对应的是化学家的活化能）定义在纵轴，也就是权力轴上，这样一来，此线以上的个人有能力作出决策，此线以下的个人则没有。例如，高层人员可以为整个组织作出决策，而中层人员只能为各自的单元作出决策。在化学中，焓这种量度表示分子个体制造或破坏化学键的能力；在分析中，权力这种量度可以表示个人作出决策和执行决策的能力。
- 将任何给定层级的个体定义在纵轴，也就是权力轴上，个体的数量可以表示组织的复杂程度，以及组建和维持组织结构的难易程度。例如，对于一个只有两名中层主管的组织来说，相比一个拥有十位中层主管的组织，前者能够执行不同种类任务的数量更少，但在协调这些任务时会更加容易。在化学中，熵这种量度表示一个系统可能的排列方式的数量；在分析中，熵或“组装程度”这种量度表示执行一项任务时所需的可能交互的数量。

只要忽略空间的第三个维度（高度），就可以在同样的复杂程度上，使用同一组的三张图表（地图、时间线和组织结构图），绘制出六维网络。

公理：可对生物系统和军事政治系统建模，生成一系列嵌套的决策循环（OODA 循环）。

生物系统的定义标准是它做什么，而不是它是什么。如前所述，生物学教科书将“生命”定义为具备以下四项能力：一是从环境中提取和储存能量的能力，二是感知并响应环境的能力，三是繁殖的能力，四是进化的能力。约翰·博伊德上校定义军事单元的工具是“决策循环”，即“OODA 循环”，循环中的这些单元可以观察、定位、决策和行动。他定义军事单元的标准是它做什么，这完全符合关于生命的流程定义。此外，请注意，在生物学家对生命的定义中，每一种能力都是一个独立的 OODA 循环。因此，将任何生物或军事政治系统进行简单的可视化，得到的都是时间线。

在这些嵌套的 OODA 循环中，每个循环里都包含从概念（需要做什么）直到成熟（实际完成）的一系列系统性阶段。

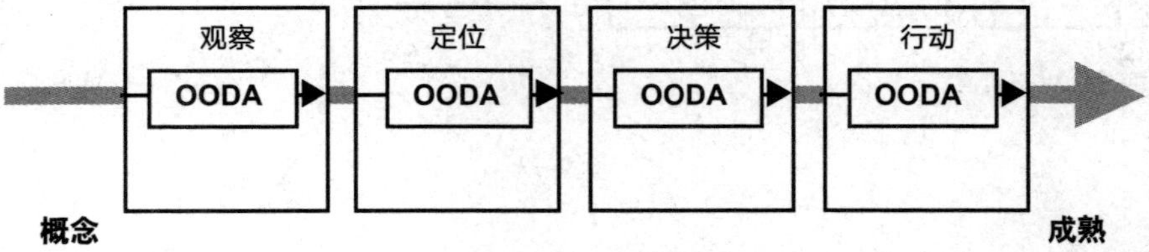

图9-2

人们可以捕捉生物有机体或军事政治组织的决策活动，具体做法就是使用时间线，因为它可以捕捉从概念到成熟的嵌套的决策循环。

公理：从规划任务到完成任务的各个步骤都可以在时间线上可视化，具体做法是使用根据这些“组装”步骤的时间顺序绘制的“组装程度”。

热力学第二定律指出，宇宙的熵是持续增加的；也就是说，整个世界是持续解体或者说分崩离析的。举例来说，如果一个人拿起一只装满水的杯子，把它扔在地上，它就会剧烈地“分解”，因为它会被摔碎，碎片会飞得到处都是。但这些碎片根本不可能自我组装，然后再飞回到你手中。因此，如果一个人画出这个世界随时间变化而变化的“组装程度”，他就会看到时间线上可能状态的数量持续增加。生物系统似乎可以“击败”第二定律，具体做法是从环境中提取并使用能量和物质，用以建立新的组件或系统。同理，大规模杀伤性武器项目可以搜集能源和材料，以此组装并使用这些武器。因此，人们可以追踪武器的组装活动，从而将大规模杀伤性武器项目可视化。

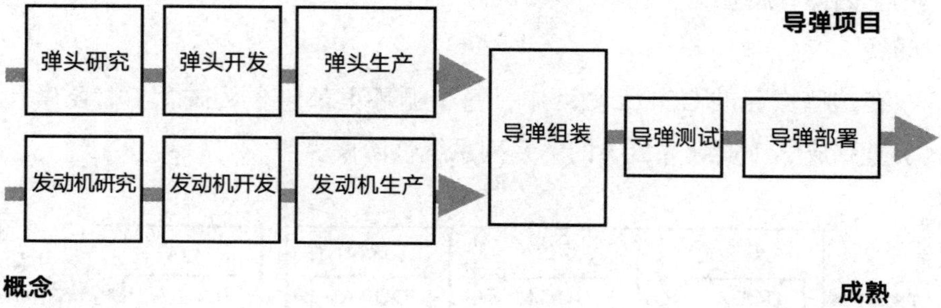

图9-3

在这个项目的时间线中：

- 时间是按步骤顺序，从左向右标注的。
- 项目中的每个步骤都被标注为组成这个总体项目的“组件”流程。请注意，每个步骤都是一个隐性的 OODA 循环。
- 纵轴是“组装程度”，其中每个时间步骤中的“对象”，均可表示在项目的这个部分被操纵的对象的数量。请注意，在一个总体项目中，哪怕只有几个开发项目，通常也需要许多不同的研究项目；另请注意，“组装程度”是向右递增的。
- 项目的每个步骤都可以进一步细分，将自己这个次级项目分解成多个“组件”步骤。
- 项目的时间线遵循从概念到成熟的项目顺序，并且包括规划和研发等步骤。这意味着在此项目的大部分时间，它的对象可能都是不存在的；例如，在飞毛腿导弹项目中，飞毛腿导弹直到“导弹组装”步骤才开始存在。

公理：在项目的时间线里，每个步骤都可以扩展，从而包括完成项目所需的材料、能量和人员输入。

生物系统可以从环境中提取能量和材料，并利用它们来建立新的组件或系统。必须追踪提供给项目时间线中所有流程步骤的输入，因为：

- 整个流程的状态以及流程的特征，通常都可以在了解输入之后推断得出。例如，要想了解一个导弹弹头厂的大部分情况，就需要了解：它消耗多少电力，原材料中是否含有铀或钚，工厂里工程师的资质，又或是订购设备的类型和订购时间。
- 掌握了流程的位置之后，就可以将时间线与地图关联起来。
- 了解人员及其组织之后，就可以将时间线与组织结构图关联起来。

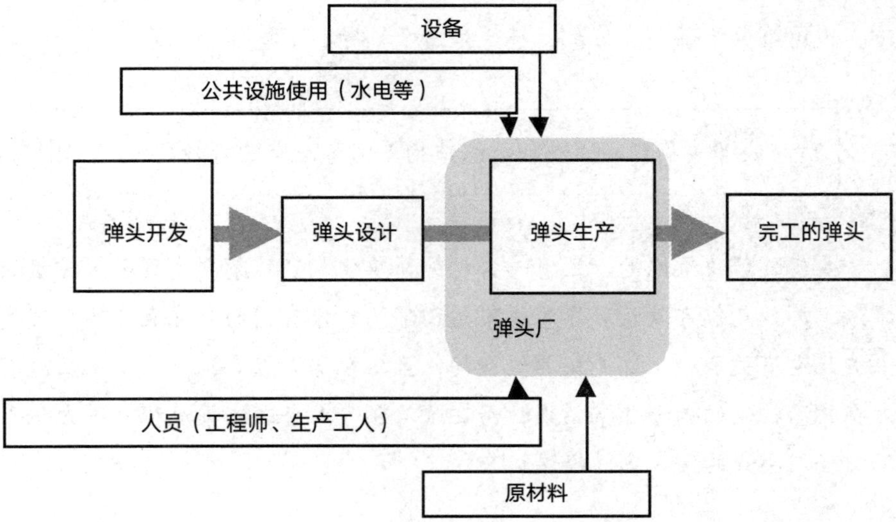

图9–4

公理：每个可视化图都需要“向下钻取”的能力，以此反映生物组织和军事政治组织的阶层性质。

国家层面开展的所有非常规或异常的行动，都是基于某种决策展开的。它们不会凭空发生。军事和政治行动都是如此。如果有异常事件发生，特别是那些可以增强敌人采取军事行动的能力的事件或其他潜在恶性事情发生时，分析人员应该提出这样的问题：它提醒的是关于敌人计划的哪些情况？是什么促使敌人这样做的？敌人作出何种决策，才能解释这样的行动？[1]

生物系统需要基础设施，这样才能完成必要的决策循环，以采取行动，即从环境中提取能量、感知并响应环境、繁殖，以及进化等。军事政治系统有相同的要求，因为它们也是生物系统。描述此类系统的决策循环具有嵌套性质，这种性质也将反映在描述它们所需的阶层嵌套地图、时间线和组织结构图当中。例如，上文提到的弹头生产时间线可以进一步细分，以说明设计、公共设施、设备和原材料等是如何组合在一起，从而制造弹头的。同理，生产工厂的组织结构图可被嵌套在军工复合体的组织结构图当中，也可细分为部门、分部，甚至是每个领导、工程师或工人。

公理：项目时间线和组织结构图都是正交的可视化。

要想处理决策问题，还有一种过分简单化且使用频率高到令人惊讶的方法，那就是假定政治和军事决策是由不同群体作出的，并且在某种程度上彼此没有关联……这是极其错误的，至少在国家领导人可对军队实施有效指挥和控制的国家非常错误，而在政治领导人垄断决策流程、军方几乎不做任何决策的国家更加错误。[2]

[1] Cynthia M. Grabo, *Anticipating Surprise: Analysis for Strategic Warning*, ed. Jan Goldman (Washington DC: Joint Military Intelligence College's Center for Strategic Intelligence Research, 2002), 104-105.

[2] Cynthia M. Grabo, *Anticipating Surprise: Analysis for Strategic Warning*, ed. Jan Goldman (Washington DC: Joint Military Intelligence College's Center for Strategic Intelligence Research, 2002), 107.

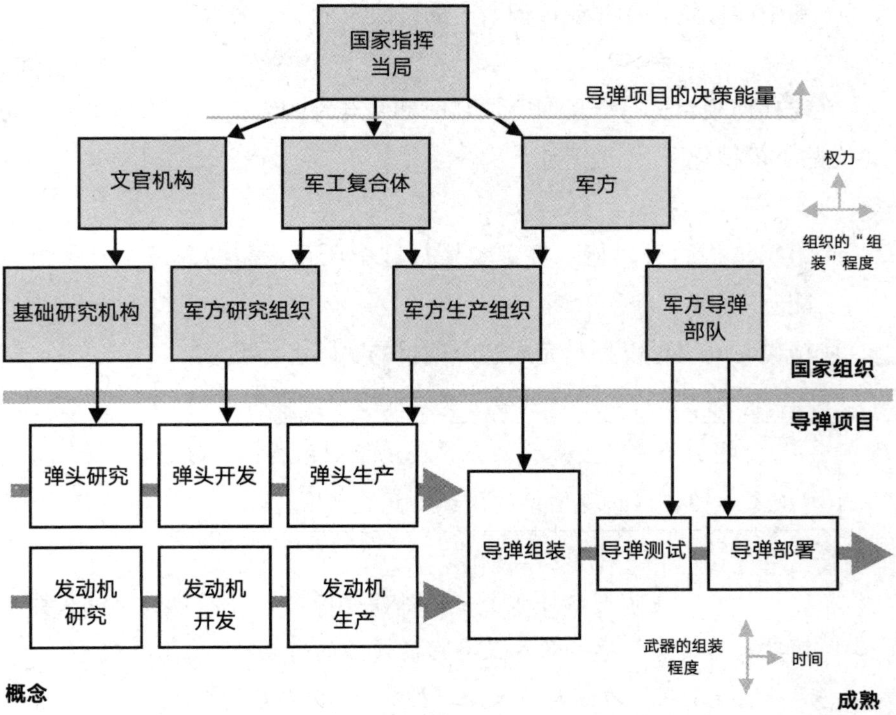

图9-5

项目时间线可以说明大规模杀伤性武器项目中武器的“组装程度”，而组织结构图可以说明人们结成组织时的“组装程度”。二者是直接相关的，因为组织机构被组织起来的目的，就是为了完成特定的目标。例如，对于导弹项目来说，这两个示意图是可以重叠在一起的，如上所示。

项目时间线与组织结构图是相关的，因为：

- 项目时间线中的每个步骤，都需要特定的组织才能规划和完成。
- 组织结构图中的每个组织，其排列方式可以反映完成特定任务所需的规划和协调。
- 任何项目的总体协调，都要对实现其目标所需的组织进行协调；因此，任何项目都需要一人担任项目的最高领导或总协调人。此人在图中的位置将在完成任务所需的“决策能量”之上。

在对任何项目进行分析时，项目时间线与组织结构图可以提供互补的（正交的）可视化：

- 组织结构图可以显示规划和执行这个项目所需的人员交互和组织交互。
- 项目时间线可以显示完成这个项目的实际事件顺序。

> **公理**：必须以一体化的方式使用组织结构图、项目时间线和国家地图，以追踪网络的组织和运行情况。

> 此外，通常有这样两个一般性指导原则，可以帮助分析人员看穿欺骗的迷雾，感知敌人最有可能遵循的行动模式：
>
> 去芜存菁。在海量传入的材料中，剔除所有可靠性或来源可疑的信息，并汇总那些已知为真实的信息（“事实”），或是那些来自可靠来源的信息，因为这些信息既不会包藏祸心，也没有欺骗的理由……
>
> 紧盯硬件。最终，敌人必须动用军事力量，发起作战行动，而他们的行动也将是判断其意图的最终决定因素。[1]

网络运行所需的对象和流程存在于一个六维世界之中。生物系统和组织不同于物理系统，因为它们控制能量的目的是执行任务和项目，而任务和项目需要开展规划和协调才能完成，但这时需要的网络，其组成部分应当是彼此交互的。因此，要想将生物和军事政治网络可视化，就需要协同努力才能实现。

---

[1] Cynthia M. Grabo, *Anticipating Surprise: Analysis for Strategic Warning*, ed. Jan Goldman (Washington DC: Joint Military Intelligence College's Center for Strategic Intelligence Research, 2002), 131.

焓是对储存在化学键中的能量的量度。因此，建造活动是需要汇集能量的，而大规模杀伤性武器项目基本上就是正在建设的项目。因此：

- 时间线必须反映项目中正在进行的“建造活动”，具体做法是通过以下措施：
  - 在项目的每个步骤，识别构成这些组成部分所需的能源和材料。
  - 识别并追踪项目的最终产品——武器。（这通常是使用地图来完成的。）
- 组织结构图必须反映组织是如何完成“建造活动”的，具体做法是通过以下措施：
  - 识别并追踪具有“决策能量”的人员，因其是在对流程中每个步骤开展协调时所必需的。
  - 谨记组织是按照计划运行的。组织的基础设施和时间线须与计划保持一致。

熵是对“组装程度”的量度。生物系统显然违背了热力学第二定律，因为它是在进行组织和组装，而不是拆解组织、分解组装。因此：

- 随着项目的不断成熟，时间线必须能够反映随时间变化而变化的组装情况。
- 组织结构图必须能够反映人员进入功能团队的“组装”情况，因为功能团队是计划中各组装步骤所必需的。

> **公理**：分析必须将自上而下的建模与自下而上的建模合二为一。

复杂系统是阶层结构的，因为它可被描述为一系列嵌套的“盒子里的盒子”或“系统组成的系统”。每个系统都可被描述为具有可以描述其行为的系统参数的个体，或者被描述为由以合作方式运行的较小系统组成的单元。

新现属性——个体而非单元的特征

在被视为单元时，这个系统是组合而成的，但也是单个整体；换言之，它可被描述为“合众为一”。

在被视为个体时，这个系统是不可再分的；它不能被分解成更小的部分，否则就会失去自己的身份。“半只果蝇”“半个碳原子”“半个导弹组装厂”的概念是毫无意义的。

新现属性适用于作为个体出现的系统。较小的系统可以组成单元，但只有当它们真正成为单个整体，可被视为一个个体时，新的新现属性才能被定义出来。例如，生命的属性会在细胞水平上“新现”；即使细胞是由确定的大分子结构组成的，脱氧核糖核酸（以下简称 DNA）和蛋白质也不能被描述为活的，只有细胞才可以。同理，进化会在物种层面“新现”；尽管物种是由有机个体的种群组成的，但单个生物不能进化，只有物种才能进化。因此，“棒球队”“海军陆战队连”“导弹组装厂”的一些特征，只有在该单元能够持续作为独立实体执行功能时才是适用的。

所以说，在描述系统时，一个新现属性只能在给定的复杂程度上适用，因此需要将系统描述为单个个体。理论上，人们也可以将系统描述为一个单元，并使用适当的非线性模型，描述提供新现属性的较小个体的合作式交互。在实践中，通常只有对系统建模，使之成为单元（由个体组成的一体化系统），才能理解这种属性新现的原因，然后将系统描述成个体，从而度量这种属性。例如，人们可以使用若干单个组件（涡轮机、泵、压缩机）对军舰建模，并计算它的最高速度、转弯半径和其他战术特征。但在实践中，更直接的方法是采用《简氏战舰年鉴》（*Jane's Fighting Ships*）的方法，将最高速度和战术特征制成表格，使用这种表格将军舰描述成个体。

有两种基本的方法可以对世界建模：

- 自下而上的模型可将系统描述为由更小的子系统组成的单元。人们对所有不同种类的子系统进行分类，并描述它们之间的交互，然后使用这些交互的特征来描述系统的行为。
- 自上而下的模型可将系统描述为不可再分的个体。人们将系统视作整体，在多个实验中度量系统的行为，然后将描述系统的属性制成表格。描述系统功能之后，就可以将系统细分为执行“组件”流程的若干“组件”系统。

自下而上的模型

将网络视为由线连接起来的对象。
“连接各点。”

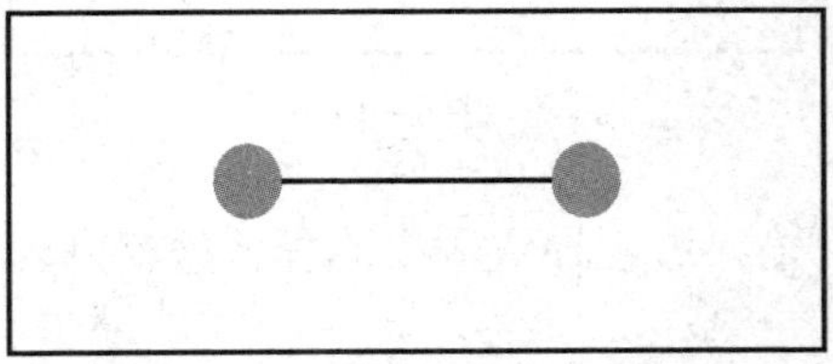

图9-6

建立模型的流程是从两个交互的对象开始的。
添加与这些对象交互的新对象，从而建立自下而上的模型。

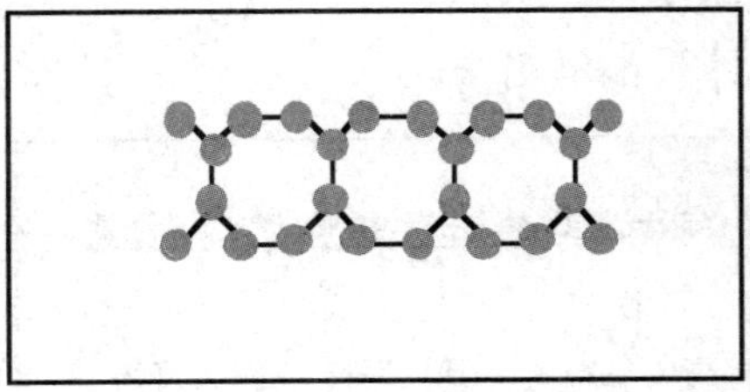

图9-8

自上而下的模型

将网络视为由对象连接的箭头。
“定位箭头。”

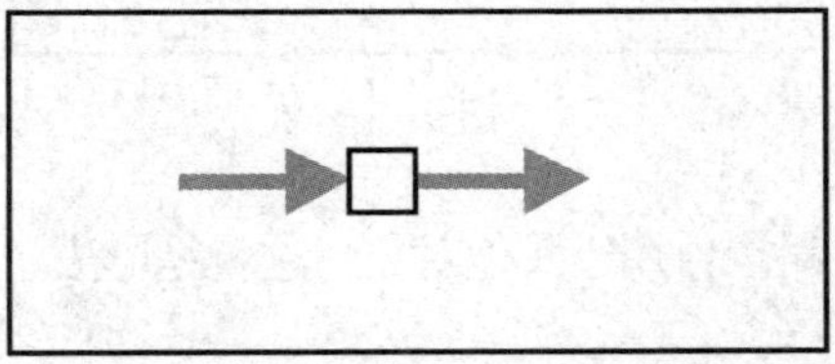

图9-7

建立模型的流程是从单个对象开始的，该对象可以响应输入流程，以执行输出流程。
在对象中深入挖掘，将初始流程分

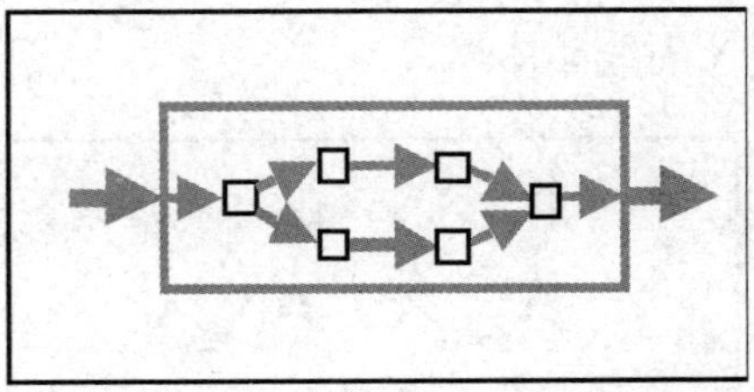

图9-9

继续“组装”对象，直到单元完成（并具有隐性功能）。

解成若干更小的流程，从而建立自上而下的模型。

继续细分流程，直到流程不能进一步细分或者对象不可再分。

我们更熟悉自下而上的模型，不仅因为大多数搜集都是针对给定类型的对象完成的，还因为我们思考时使用英语语法，而这种语法本质上是自下而上的。

自下而上的模型

名词被动词分隔。

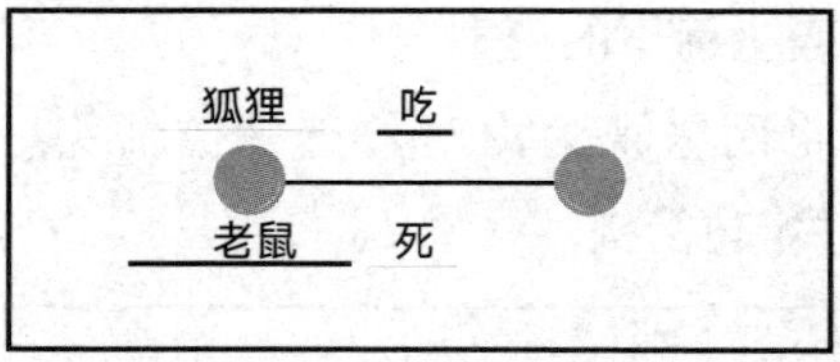

图9-10

自上而下的模型

动词被名词分隔。

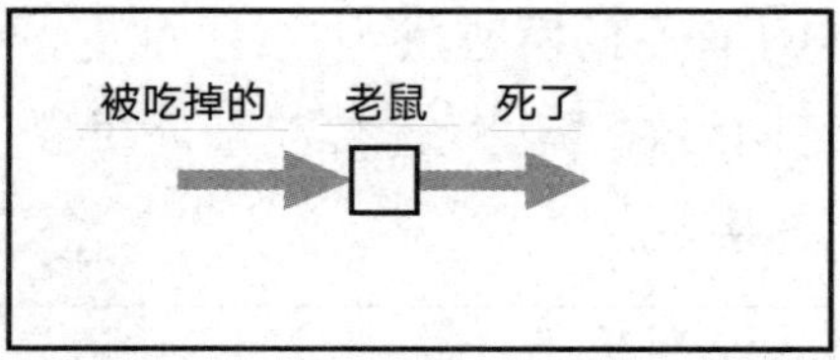

图9-11

对象作用于其他对象，这就是语法。

输入流程导致输出流程，这就是因果语法。

大多数模型都是自下而上的模型，在这种模型中，我们可观察那些必须被“组装”成一个单元的若干对象。在我们经常使用的模型中，只有少数才是自上而下的模型。

例如：

自下而上的模型

X 射线晶体学。

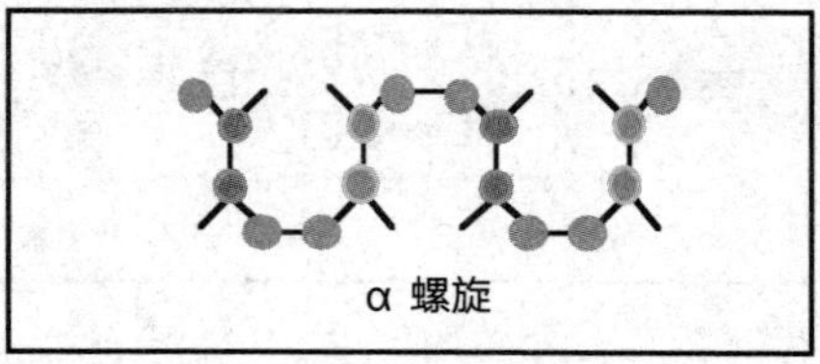

图9-12

自上而下的模型

米氏酶动力学。

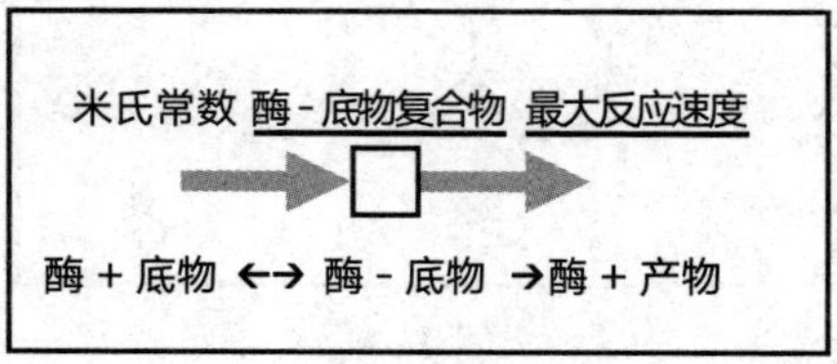

图9-13

实验数据可被用来对结构建模。	**实验数据可被用来对功能建模。**
可以直接展示结构，但只能推断功能。	可以直接展示功能，但只能推断结构。
X射线晶体学可以直接展示酶的活性部位是什么，但不能展示它能做什么。	酶动力学可以直接展示酶的活性部位能做什么，但不能展示它是什么。

这两种模型既是互补的，又是互斥的。你在每一个实验里都只能建立一种模型。如果你设计了一项自下而上的实验，你就可以确定结构，然后使用这个结构的特征去推断该结构可以做什么。如果你设计了一个自上而下的实验，你就可以确定功能，然后使用这个功能的特征去推断该结构必须是什么。

自下而上的思维认为，结构决定功能。

自上而下的思维认为，功能决定结构。

为了充分描述一个系统的结构和功能，必须进行至少两项实验：一个是自下而上的，另一个是自上而下的。

对于情报流程来说，每种模型各有优缺点：

- 自上而下的模型可以提供一个名义网络。这有利于规划搜集，但它并不能提供硬情报[1]。
- 自下而上的模型可以提供一个真实网络。它可以提供硬情报，但它是根据随意的搜集规划建立的。
- 自上而下的模型可以告诉你去哪里寻找和寻找什么，但不能提供情报，除非你真的开始寻找。
- 自下而上的模型可以追踪你已经找到的东西，但不能提供关于接下来去哪里寻找的指导。

---

[1] 硬情报（hard intelligence）是相对于软情报（soft intelligence）的概念，指的是有实物载体、一目了然的情报。相比之下，软情报是指需要分析才能得出的情报。——译注

我们需要的是一种合二为一的方法，应当结合自上而下和自下而上两种建模方式。对时间线上的嵌套流程或组织结构图上的嵌套组织，建立自上而下的模型，这样就可以根据时间线上的功能或组织结构图上的关联来填充硬情报。这是按类型对“拼图碎片”进行分类整理。然后就可以在每个类别里，以自下而上的方式“组装”硬情报。这种一体化的方法可用于建立真实网络，既有利于规划搜集，也有利于将硬情报“组装”成一幅连贯的图画。

四、多维分析：以六维形式将大规模杀伤性武器网络可视化

卡内基梅隆大学社会和组织系统计算分析中心主任凯瑟琳·卡莉（Kathleen Carley）指出：“造就适应能力的因素之一就是，谁知道谁，以及谁知道什么。了解的程度越深，群体的灵活性越高。但你可以减少该群体交流或聚集的次数。”[1]

前文介绍的一体化方法被称为“多维分析”，是将自上而下和自下而上两种模型合二为一，并使用地图、时间线和组织结构图，以六维形式呈现这些模型。这种方法已被用来针对朝鲜生物武器项目、俄罗斯生物技术项目，以及“基地”组织化学、生物、放射性、核或高爆武器项目等进行战略分析。这些分析的结果将以机密案例研究的形式展示，而从这些研究中获得的经验教训表明，使用多维分析去直接分析大规模杀伤性武器和化学、生物、放射性、核或高爆武器项目的做法，应用前景良好。

获得的经验教训再次强调了在对生物和组织系统进行战略建模时的非牛顿量子假定：历史非常重要，人员会做决策，所以你需要跟踪人员以了解意图。

[1] Joel Garreau, “Disconnect the Dots,” *Washington Post*, 17 Sep 2001, C1, C2.

这种方法的基础是通过自上而下的建模活动，详细了解在哪里寻找和寻找什么，以及将搜集到的数据以定向方式自下而上地“组装”起来，以此了解如何建立六维模型。我们寻找的是什么？我们去哪里寻找它？我们如何把它“组装”成多维模型？

五、对大规模杀伤性武器项目进行战略分析：寻找什么

多维分析假定大规模杀伤性武器项目是由相关人员创建的，并假定他们汇总并组装物资和设备，以制造大规模杀伤性武器时，他们会在组织内开展交互。因此，我们需要寻找人员、地点、事物和组织等多种类型的实体，在空间、时间和能量（包括权力和组织）等方面的交互。因此，无论我们是以自下而上的方式思考并连接各点，还是以自上而下的方式思考并定位箭头，都可以对这些嵌套的实体以及它们执行的流程建模。

有个简单的办法可以将六维方法与我们更加熟悉的建模方法联系起来，那就是思考人们在编写完整故事时总会问到的问题：什么人？什么事物？什么时间？什么地方？什么原因？什么方法？**地图**可以告诉我们这个项目在**什么地方**，以及这些实体将以**什么方法**采取行动，去组装大规模杀伤性武器。**时间线**可以告诉我们组装大规模杀伤性武器需要**什么事物**，以及这些组装步骤是在**什么时间**发生（或很可能将会发生）。**组织结构图**可以告诉我们是**什么人**在制造大规模杀伤性武器，并通过分析他们的具体组织方式，告诉我们他们出于**什么原因**，才会以某种特定的方式行事。

我们将为大规模杀伤性武器或化学、生物、放射性、核或高爆武器项目绘制地图、时间线和组织结构图，这些图像可以显示组装大规模杀伤性武器的所有“组件”实体，以及这些实体执行的流程。每个图像都由节点和这些节点之间的链路构成，但请注意，在地图和组织结构图上，节点是实体，链路是流程；但在时间线上，节点是流程，链路才是实体。将数据

绘制成这些格式之后，我们就可以通过对每个图像展开直接分析的方法，得出具有可操作性的情报。

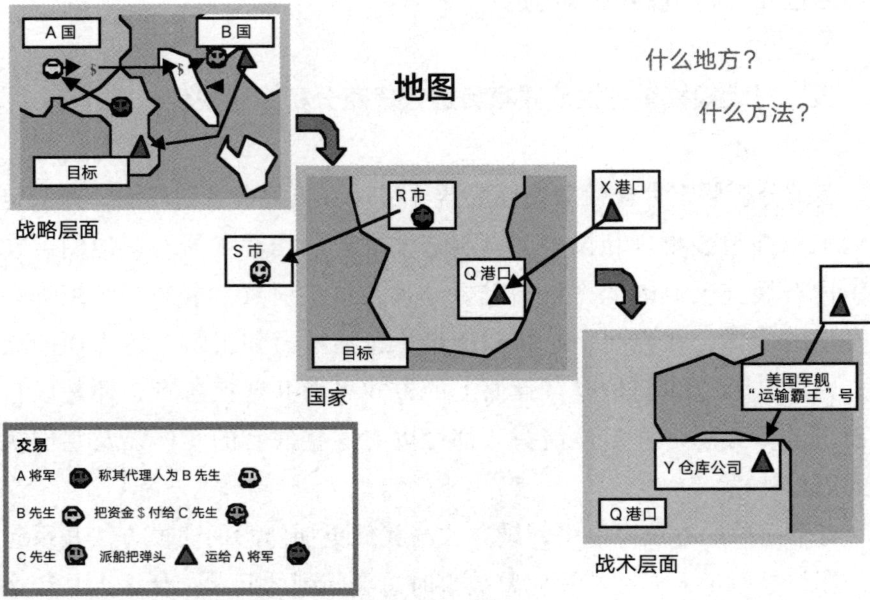

图9–14

1．地图：什么地方？什么方法？

节点＝地理实体，即设施和这些设施的位置。

链路＝运输流程，即运输路线。在这里，我们通常使用实施运输的实体（比如卡车、飞机或船只）和此次运输的终端设施（比如机场、港口）等来定义路线。

地图标明拦截点：实体＝目标设施；链路＝拦截路线。

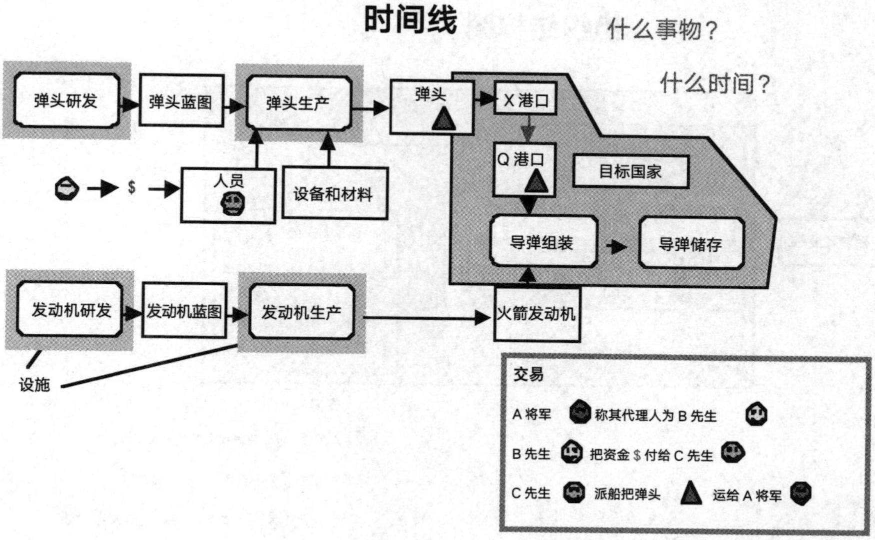

图9-15

2．时间线：什么事物？什么时间？

节点＝大规模杀伤性武器制造中的关键流程，即负载和投放装置的研究、开发、生产、测试和部署。

链路＝大规模杀伤性武器制造中的"组件"实体，即研究可以为开发提供协议，开发可以为生产提供蓝图，生产可以向组装厂提供负载或投放装置，组装厂可以向战场部队提供成品弹药。

时间线可以标明旨在部署大规模杀伤性武器系统的那个流程。如果我们了解迄今为止生产出的完工程度最好的部件，我们就可以对旨在实现武器化的那个流程进行评估。只要识别出旨在实现武器化的那些额外流程的数量，我们就可以估计出部署大规模杀伤性武器所需的时间。

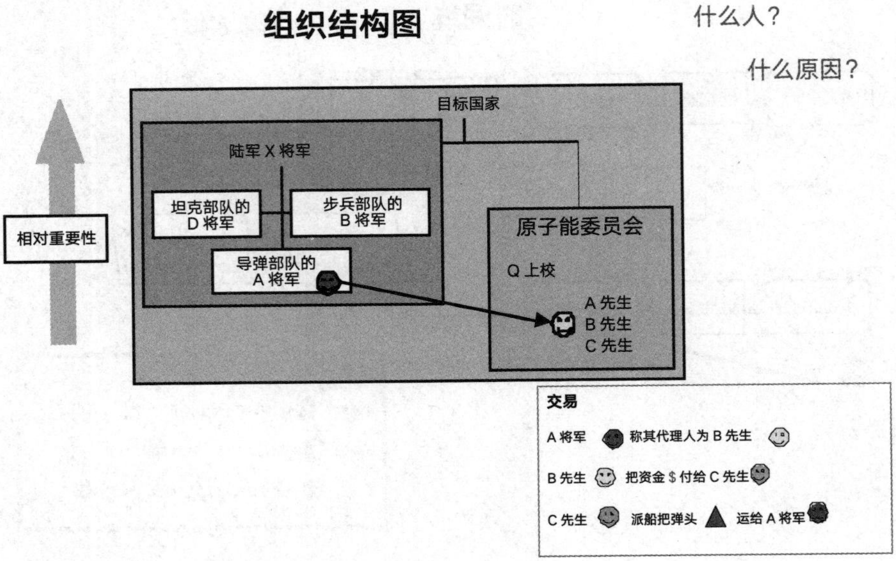

图9–16

3．组织结构图：什么人？什么原因？

节点＝大规模杀伤性武器项目中的关键组织。

链路＝下达任务或提供资金或交流信息。

组织结构图可以标明项目中组织和人员的相互关系。组织中最高的节点是负责人。链路最多的节点对于采购、提供资金或开展行动等都是至关重要的。

多维分析的关键是为所有实体建立自下而上的结构模型和自上而下的流程模型。人们的照片、X 光片或 CT 扫描都是结构模型，可以告诉你这个人是谁或是干什么的。但对同一个人来说，他的简历就是流程模型，在评估此人的计划和意图时更有价值，因为它可以告诉你此人能做什么。

多维分析的核心是将传统的结构模型与流程模型（如果你愿意，可以以简历为例）结合起来。对于一个人来说，这显然就是简历（或是科学界的简历，即学术履历）。对于一个组织来说，这就是组织历史。对于一个地方或事物（比如设施或工厂，或核弹头或导弹）来说，这就是项目历史。

我们需要谨记，大规模杀伤性武器项目早在武器本身存在之前就已经存在，这个项目的历史起点，就是作出的启动制造武器可行性研究的那个决策。

跟踪人员……他们会带你找到这个项目。

- 制造大规模杀伤性武器需要聪明人。
- 非正式网络（党派、家庭、教师）可能比传统的指挥链更加重要。
- 科学家和工程师是专家。大规模杀伤性武器项目需要正确的专业知识组合。
- 科学家通过出版物和演讲获得声望。

六、创建履历或技术简历

为了尽可能完整地创建关于大规模杀伤性武器项目中关键人员的简历，我们可以利用多种来源材料。以下例子是针对某个国家控制的生物武器项目所做的分析，但类似推理也适用于国家控制的化学武器、核武器或导弹项目。

- 部门花名册。有时可以显示与军方项目的关联。
- 公司宣传册。也可以显示与军方的关联。
- 简历。有时可以直接获得。
- 履历。学术科学家的简历通常都会发到网上。

- 名片。可以提供地址、电话号码、电子邮件。
- 目录。
- 出版物。

> 美国国立医学图书馆使用美国国立卫生研究院的在线网站 PubMed，对生物学家的履历或简历进行重建。
>
> 要想重建生物学家的整个职业生涯，通常可以在 PubMed 上追踪此人的所有在线出版物，并跟踪以下事项：从事的项目，机构从属关系（包括在每个机构里从最初到最后发表出版物的时间共计几年），以及合著者。

要想将科学家的简历或履历“拼凑完整”，可以分析他们的出版物、会议报告，以及关于他们职业生涯的采访。科学家如果在生物武器、化学武器或核两用项目等方面与人有过合作，且（或）如果与军方项目有关联，就会被人怀疑。

- 借助美国国立医学图书馆来创建履历。
- 专业知识：他们知道什么？
- 链路：他们是从什么地方知道这些的？
- 他们认识什么人？
- 出版记录。
- 他们不再发表出版物了吗？
- 他们再次现身时发表了什么？

过长时间没有发表出版物（尤其是如果后来发表的出版物是关于最先进技术的），可能表明该科学家从事过机密项目。

借助出版物来追踪生物学家的职业生涯

可以借助生物学家的出版记录，追踪他们的职业生涯。

- **博士生**通常会在 3—8 年内发表论文，其导师或指导老师为论文的最后作者。
- **博士后研究员**通常还有其导师作为资深（最后）作者。
- **实验室科学家**通常会发表担任第一或第二作者的论文，并以博士和博士后指导老师的身份担任他们论文的最后作者。但在建立了自己的实验室之后，此人的署名位置大多就是论文的最后作者。
- “**基因骑师**”（生物技术专家）通常会发表担任第一或第二作者的出版物，并以博士和博士后指导老师的身份担任他们论文的最后作者。之后，此人会发表许多担任其他作者的出版物，且这些出版物有许多不同的最后（资深）作者，这表明此人正在为许多不同的项目提供生物技术专业知识。
- 如果生物学家发表过许多担任其他作者的出版物，且这些出版物都有同一位最后（资深）作者，那么通常来说，此人是实验室科学家，并且是在那位资深生物学家的实验室里，以资深研究科学家的身份工作。
- 如果是天才生物学家，就会在博士生和博士后期间，发表担任第一或第二作者的出版物。如果科学家在出版物里大都只担任其他作者，那么此人或是无法坚持到最后，或是在自己的职业生涯中，最终沦落到为别人打下手的地步。

七、创建机构简历

任何大规模杀伤性武器项目都要依赖研发和生产设施，这里的研发和生产包括生物武器、化学武器或核武器的负载和投放系统。人们可以追踪某个技术设施的输入和输出，以此跟踪该设施内部运行的流程。同理，我们将以某个生物武器设施为例进行分析。

人们可以识别出与生物武器有关的设施，或是用于两用生物研发的设施，识别依据就是为研发这些设施而聘请的生物学家，以及它们获得的生物技术设备。生物技术项目通常需要三种不同的生物学专家：研究微生物的经典生物学家、研究生物工程的生物技术专家，以及研究大量微生物繁殖的生产专家。对于生物技术专业知识和生物技术设备来说，如果涉及它们的项目研究对象是可以用作生物武器制剂的微生物，或是可以通过生物工程被制成生物武器制剂的微生物，它们就是非常重要的。请注意，“卡加吉斯坦的巴布尔微生物研究所”（Babool Microbiology Institute in Karjakistan[1]）既可指某个组织或机构，也可同时指代二者，具体情况取决于上下文。

生物武器或两用项目中使用的生物技术设备包括：

- 基因工程研发；
- DNA 合成器；
- 聚合酶链反应（PCR）：
  热循环器；
  水生嗜热菌 DNA 聚合酶；
- 微生物的批量生产和加工；
- 发酵罐；
- 生物反应器；
- 冷冻干燥器。

在评估一个设施或机构是否为两用，或是否实际参与生物武器项目时，可能面临困难。有些线索可用来判定一个设施是否仅为生物医学、生物研发、两用，或是与生物武器相关，具体如下：

[1] 卡加吉斯坦（Karjakistan）的英语拼写与苏联加盟共和国哈萨克斯坦（Kazakhstan）近似。——译注

- **两用设施**

《生物战公约》[1]已有规定：

可以指向两用设施的手册、目录、产品；

传染性微生物的生物危害控制：

生物安全水平四级（BL-4，最大限度控制）或生物安全水平三级（BL-3）设施：特殊气体处理系统。

- **生物武器设施**

通常与军方有关：

特别安全措施、掩体、地下场所；

军事指挥链、电话簿。

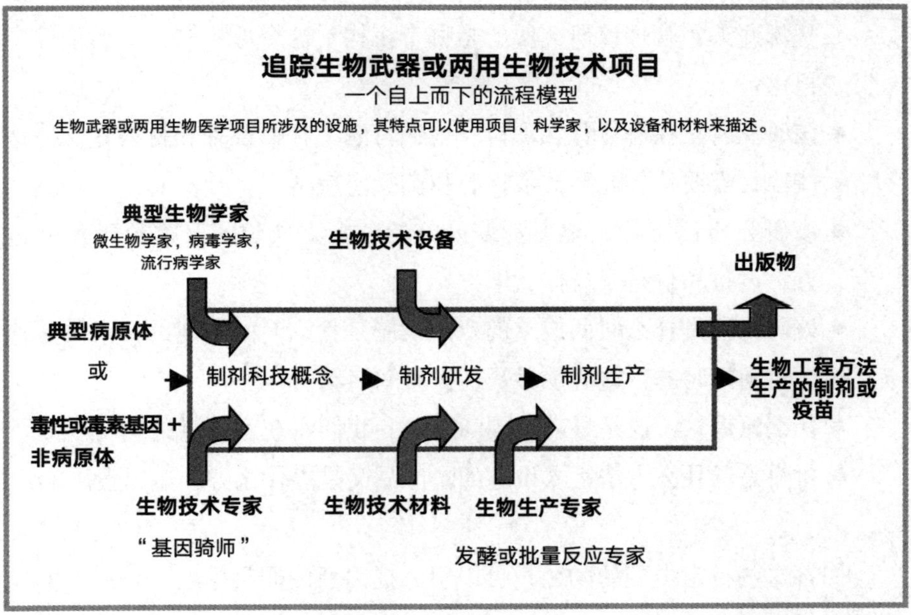

图9-17

[1] 应当是《禁止生物武器公约》。——译注

八、对大规模杀伤性武器项目进行战略分析：去哪里寻找数据

多维分析旨在针对大规模杀伤性武器项目，将关于它的自上而下模型与自下而上模型合二为一；其中，前一种模型可为需要搜集的各种数据提供框架，后一种模型可收取报告，并开展评估。

自上而下的模型可以提供一种便于使用的工具，用于整理数据，以及查找更多的相关数据。例如，如果一份报告指出“卡加吉斯坦的巴布尔微生物研究所”参与了生物武器研究，分析人员就可以开始提出一系列问题：

- 在该研究所工作的是**什么人**？该研究所工作人员拜访和会见的对象是哪些人？管理该研究所的是哪个机构？这个母机构又隶属于哪个机构？
- 该研究所正在进行**什么项目**？他们订购了什么设备和材料？支持这些项目需要什么样的技术资源和实验室控制？
- 该研究所位于**什么地方**？该设施的各个下属建筑又都位于什么地方？设备和材料来自什么地方？
- 该研究所是**什么时间**成立的？该设施是什么时间修建的？人员是什么时间招聘的？这些项目是什么时间启动的？
- **什么原因**？（这是最棘手的问题……我们将在后文讨论。）
- 材料是以**什么方法**运入设施的？产品又是以什么方法运出设施的？

回答这些特定类型的问题，可以引人提出新的同类问题。如果我们发现鲍里斯·鲍里索维奇（Boris Borisovich）博士在该微生物研究所工作，我们就可以按照上述内容，提出关于他个人的同样问题。如果我们发现该微生物研究所共有两栋建筑，一栋位于巴布尔市中心，另一栋位于附近军事基地的防区内，又或者如果我们得知该微生物研究所隶属于卡加吉斯坦卫生部，也可如法炮制。我们的目标是搜集数据，以建立所有关键**人员**的

简历、所有嵌套**组织**的历史、所有相关设施（**地点**）的描述和历史，以及所有项目（**事物**）的历史。

多维分析的基础是假定环境对导航非常重要。如果我能在六维中创建一个详细的“地图”，并在地图上放置一个实体，我就能推断出它来自哪里，要去哪里。历史是非常重要的。

使用多维分析这种方法来分析多个项目的做法，依笔者经验来看，可以在“不同的情报搜集方法（‘情报科目’）是如何支持多维分析的”，以及“多维分析又是如何反过来支持每个情报科目的”等问题上，得出许多意想不到的经验教训。

（一）人力情报报告

这是迄今为止多维分析最重要的数据来源。关于什么人、什么事物、什么时间、什么地方、什么原因以及什么方法的所有问题，都可以向任何人力情报来源提出，我们会发现许多所需数据虽然已被搜集，但仍留在数据库中，因为它们或是不受重视，或是被认为“太过棘手”，因此无法搜索和使用。此外，通过多维分析提出这些问题之后，在大规模杀伤性武器分析中，在寻找严格意义上合格来源时遇到的主要难题，往往就会变得没那么棘手。

例如，巴布尔微生物研究所的一名看门人叛逃了。按照以前的标准，他会被认为是一个大打折扣的来源，因为最关键的与生物武器相关的问题，比如“他们培养的是什么种类的微生物”等问题，显然远远超出此人的专业知识范围。但是对于多维分析来说，他在许多问题上还是可以提供非常有价值并且可靠的答案的。研究所的所长是谁？此人的上司是谁，他又为谁工作？有党内政要或军官参观过这个研究所吗？他们都去见了什么人？他们参观了哪些实验室？那些实验室大门上写的都是谁的名字？此人在收拾垃圾时，有没有禁止进入的房间？需要对垃圾进行特殊的处理吗？又或者是将垃圾放进特殊的塑料袋或密封容器里吗？有没有需要消毒的动物或植物设施？将制造大规模杀伤性武器视为一个由人员和组织参与的流程，就可以提出这位看门人（或几乎任何种类来源）可以回答的许多问题。

为支持多维分析而搜集各种详尽信息的冗余性，也可以提供极有价值的可靠性检查；无论数据还是来源，都是如此。在前面的示例图中，A 将军通过他的中间人 B 先生订购了一枚弹头。这笔交易可以从多种来源处予以证实：

- 电话截获可以提供姓名和讨论事项。
- 从 A 将军或 B 先生的电话簿中恢复的电话号码，可以表明存在关联。
- 多种来源提供的信息显示，A 将军是导弹部队的主官，B 先生与原子能委员会有联系，这些信息将提供更多的背景资料。
- 两人办公室的位置以及电话号码的区号是互相关联的，这可以提供关于他们的组织和设施的信息。
- B 先生与 C 先生进行另一次电话交谈之后，就会有邮寄或传真的发票、转账、收据、交付物品的收条，最后还会进行一轮互动，以确认订单完成。在正确的时间框架内，只要截获其中任何一个，都可以验证其他任何一项数据。

请注意，这个层面的报告很快就会开始借助交叉验证的方式，去确认来源的可靠性。如果 A 将军大楼的看门人这时站出来，人们可以根据他的回忆，即将军在什么时期在哪个办公室工作，甚至在正确的时间他本人是否在国内等情况，去检验这个“故事”的碎片。简言之，多维分析的目标是在多个粒度级别搜集数据，而这些数据最终可以用来进行交叉验证，此时还会出现一些副产品，就是通常总会“偶遇”某些情报，它们是由那些拥有敌方访问权限的任意来源（并具有任意类型的专业知识）以可靠方式提供的东西。对于多维分析的分析人员来说，能够接触物资供应人员（比如美剧《陆军野战医院》中的“雷达”奥赖利[1]）可能和接触将军一样有价值。

人们通常的反应是认为追踪他人是“极难”做到的，但多维分析却可以克服这种反应。有这样一份报告，是关于一个名为金钟浩（Kim Chong-Ho）的朝鲜微生物学家的，乍看之下，不可能进行更进一步的追踪，因为如果在数据库里查询“金”（Kim）、“金钟”（Kim Chong）或“金博士”（Dr. Kim），都会返回数千个结果，而且绝大部分都是无关的。此事又因翻译问题而雪上加霜，因为他的名字有可能被报告写为“金正浩”（Kim Jong-Ho）甚至“金正玉”（Kim Jong-O）。在多维分析中，分析人员很可能会在第一次遇到这个名字时就记下它，并等待另一个链路，好让追踪更容易一些。例如，如果金博士与“养浩炭疽研究所”（Yang-Ho Anthrax Institute）之间存在链路，那就应当重新核查关于这个研究所的所有可用报告，看里面是否提到过某个“金博士”。在越来越多的相互关系变得可用之后，重新搜索数据库以寻找正确目标人员的工作就会变得更加容易，但这仍然意味着必须通读那些不相关的文章，以便区分“来自养浩炭疽研究所的微生物学家金钟浩博士”与“来自养浩陆军基地的陆军上校金钟玉博士”。同样的推理方法也适用于区分或关联有多种名称翻译的机构，比如到底是“微生物研究所”，是“细菌研究中心”，还是“微生物研究院”。

（二）人力情报指挥的人力情报瞄准

可以使用多维分析来帮助完成这项工作，因为自上而下的方法可以提供一个框架，供人询问相关问题。只要知道来源来自哪里，并且知道他何时会在那里和他在组织结构中的身份地位，就可以拟定问题的具体措辞，以确定在这个与他有关的项目的六维模型中，我们到底掌握了多少关于他在模型中位置的已知信息。例如，如果有个消息来源来自“养浩炭疽研究所”，就曾向他提出关于“金钟浩博士”的非常具体的问题。此外，如果

[1] “雷达”奥赖利（Radar O'Reilly）是美剧《陆军野战医院》（*MASH TV Show*）中的角色，担任该野战医院的连部文书。——译注

我们已经定位箭头，但箭头的另一端却没有任何东西，此时我们就可以提出新的具体问题，以探索他在空间、时间和组织上的链路。

> 所有领导人都需要有民众支持自己的计划，尤其是那些最终将会引发战争的计划。纵观历史，大多数领导人，即使是那些一心要走侵略路线的领导人，也很少花费太多力气去掩饰自己的意图，有些领导人（例如希特勒在《我的奋斗》中）已经向我们透露了真正的蓝图，明确告知了自己计划实现的目标。[1]

（三）开源情报报告

在支持多维分析的情报科目中，开源情报价值位列第二，这一点令人颇为意外。多维分析是跨科目的，这一性质意味着它需要的背景资料的数量极其庞大，而且应当以直接或间接方式与目标项目关联。开源情报在建立六维模型时，可以提供许多相关的背景数据和背景资料。

这是根据情报“浴缸曲线”[2]直接得出的结论。该曲线指出，在武器开发最早期阶段，可用的情报数量很大，而且在部署之后几乎也是一样大，但在这种机密项目的开发阶段，情报搜集实际上已经无法展开。例如，如果一名情报官参加了 1938 年在美国华盛顿特区举行的第 5 届国际理论物理大会，他可能有机会与世界上几乎所有的原子科学家——从美国的恩里科·费密（Enrico Fermi）和阿尔伯特·爱因斯坦（Albert Einstein）到德国的维尔纳·海森堡（Werner Heisenberg）进行互动，并有可能向他们询问任何可以想到的关于核裂变的问题。当然，此后不久，他们就全部消失，参加机密的原子弹项目，直到广岛被投下原子弹之后，这种易于获

---

[1] Cynthia M. Grabo, *Anticipating Surprise: Analysis for Strategic Warning*, ed. Jan Goldman (Washington DC: Joint Military Intelligence College's Center for Strategic Intelligence Research, 2002), 84.

[2] 浴缸曲线（bathtub curve）又称“U 形曲线”，一般用来描述故障率，曲线的谷底是故障率最低的时候。——译注

取的情报才会再次出现。

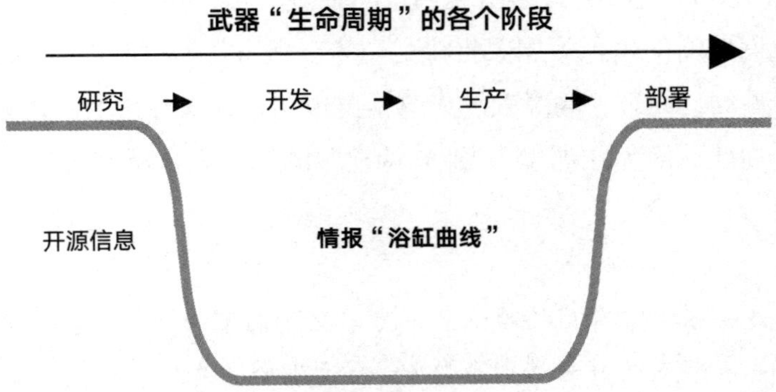

图9-18

正如在这个传奇的案例中一样，在任何大规模杀伤性武器项目中，早期阶段都是最容易搜集情报的，即使在“浴缸底部”，关键人物也必然有自己的生活。因此，如果分析人员能够识别出大规模杀伤性武器项目中的关键人物，就可以针对那些很可能与该项目有关的最重要领导人，去跟踪关于他们的开源数据，从而搜集大量情报。在保密阶段，关于缺少特定数据的情况，只要放在正确的背景下分析，就可以与主动数据（positive data）一样很有价值。此外，如果在保密阶段有报告提到某个人名，就可以检索历史记录，从而搜集许多很有价值的背景资料。例如，1942 年的一份报告称维尔纳·海森堡负责纳粹的一个机密项目，那么只要研读他在 1938 年物理大会上的发言，这份报告的内容就能变得更加清晰。

制造大规模杀伤性武器需要特定的人员组合：战略高级领导者负责监督这个项目，技术人员负责研究、开发和制造化学武器、生物武器或核武器的有效负载，精通技术的后勤人员负责提供基础设施，订购所有设备和材料，并支付相关费用。

开源情报可以提供技术人员的背景数据，尤其是那些研究科学家的背景数据。在一个小国里，几乎没有合格的微生物学家、化学家或核物理学家，所以那些可用的专家或是过着双重生活，即同时从事学术和机密项目工作，或是曾于求学期间在公开文献中留下过痕迹，然后就从公开来源中消失不见了。即便如此，哪怕他们已从专业、公开或“灰色”文献中消失，但他们以新的角色为国家提供的“重要服务”（非特定种类的服务），仍然是可见的。同理，高级领导人总是出现在公开来源当中，在极权主义国家更是如此，因为在那里，“拥有特权”的领导人是所有宣传[1]期刊的素材。

> 宣传是一张非常有用的晴雨表，可以显示国家领导人对特定问题的关切程度……大多数宣传都是“真实的”。这里的“真实”使用的是相对意义，并不是绝对意义。我们的意思是，各国不会一直扭曲自己的目标和政策，特别是不会向本国人民这样做。如果发布完全虚假的声明或是具有误导性的指示，这种做法将会适得其反，并不会引起想要的响应。[2]

如果可以创造性地使用开源情报，那么就有许多方法可以提供有意义的背景资料，供人使用多维分析来对大规模杀伤性武器项目建模。

- 科学出版物或大会发言中的合著关系，可以将关联指向科学家。非正式的科学合作是非常重要的。鲍里索维奇博士与另一位俄罗斯学者的合著出版物，或是在自己论文中对发来 DNA 样本的俄罗斯科学家表达的致谢，都是非常有用的东西，它们不仅可以帮助确定这位博士都认识什么人，也可以帮助确定这两人都知道些什么。对于追踪生物学家这项工作来说，在线数据库 PubMed 是非常有价值的，因为它存档了 20 世纪 60 年代至今几乎所有著名生物医学期刊

---

[1] 宣传（propaganda），英语中常为贬义，内容多为欺骗性质，与中文语境的宣传是不一样的。——译注

[2] Cynthia M. Grabo, *Anticipating Surprise: Analysis for Strategic Warning*, ed. Jan Goldman (Washington DC: Joint Military Intelligence College’s Center for Strategic Intelligence Research, 2002), 91.

的标题、作者和摘要，包括许多俄文期刊。

- 参加会议和大会的活动，可被用来推断出类似的信息，而如果美国科学家在会议上与这位外国科学家交谈过，有时甚至可以推断出更多信息。
- 出国的活动经常会出现在目标国的公开文献中。例如，卡加吉斯坦的鲍里索维奇博士曾经前往意大利、印度或其他西方国家学习生物工程，那么这些活动很可能就会出现在某个提供会议摘要的意大利网站上，或是报道印度研究所相关研究活动的印度网站上。
- 礼仪场合在评估组织关系方面是非常有价值的。例如，如果卡加吉斯坦总理参观微生物研究所，并向鲍里索维奇博士颁发奖章，以表彰其对国家作出“重要贡献”时，人们很可能就会在当地报刊上看到相关报道，上面会列出所有在场的党内政要和重要科学家，通常还会有一张所有相关人员在大楼前的集体照。值得关注的场合包括：重要领导人来访、新设施破土动工或启用、葬礼、展览或贸易展，以及聚会或节日庆典。如果科学家参加聚会或军事庆典，便非常值得深思。

（四）开源情报指挥的人力情报搜集

在情报界变得更加一体化之后，它有可能会变得非常有价值。例如，对生物医学和生物技术的公开文献进行分析，可以：

- 找出怀疑参与生物技术扩散的个人，以便人力情报进一步瞄准目标。
- 找出身处美国的可能成为线人的人员，也就是被怀疑科学家的学生或合作者，他们可以提供关于这些科学家的专业知识、行踪及其同事等的重要背景。
- 提供关于扩散关联的非机密证据，以便在行动方针中使用。有时，科学出版物或新闻报道会指出国家之间的可疑关联，比如在伊朗工作的俄罗斯科学家，而这也是与机密情报数据相吻合的；接下来，可以使用非机密来源去提醒外国政府注意潜在的扩散问题，不必泄露机密来源。

- 为生物武器领域背景可疑的签证申请提供快速筛选。在大多数情况下，对生物学家进行“美国国立医学图书馆履历重建”，这项工作可在不到半小时的时间内完成。因此，对开源数据进行快速核查的做法，可以迅速查明该名外国科学家是否可疑，是否需要在发放签证前进行额外审查。

（五）人力情报和开源情报驱动的图像情报和信号情报搜集

这很可能是多维分析方法最有价值的副产品。建立多维模型所需的大部分背景资料，最终会被扔在“剪辑室的地板上”，永远不会被纳入成品情报之中。然而，丰富的背景资料可为所有情报科目提供极有价值的线索。例如，因为大规模杀伤性武器设施的两用性质，所以在对大规模杀伤性武器，特别是对生物武器开展搜集时，图像情报便会受到限制。通常来说，生物武器设施是最难与其他学术或生物医学设施彼此区分的，而其他学术或生物医学设施的外观，实际上与学校和仓库是一模一样的。因此，如果叛逃者绘制的自己如何从家中步行或乘火车出发，前往可疑设施或去那里上班的草图，或是政要在该可疑设施前集体合影的宣传新闻照片，都可以引导图像分析人员找到这个设施。同理，如上所述，如果可以通过人力情报和（或）开源情报识别出 A 将军就是 S 市导弹部队的主官乔（Joe），B 先生就是在 A 市原子能委员会任职的鲍勃（Bob），这对于信号情报分析人员来说可能是非常有价值的，因为正是他负责截听乔与鲍勃之间关于“特殊航运”的对话，而且通话双方电话所在的城市，正是两人办公室对应的地点。

关于恐怖分子化学、生物、放射性、核或高爆武器项目的开源情报

令人惊讶的是，开源情报可以提供宝贵的背景和资料，方便人们了解恐怖分子的化学、生物、放射性、核或高爆武器项目。关于全球反恐战争的宝贵公开来源包括：

国内记者的新闻报道。随着人们高度关注全球反恐战争，许多报纸、通讯社和电视网络平台都派遣记者深入报道此类行动，也因此发现了种种独家数据。比如，一名《华尔街日报》记者来到位于喀布尔的安全屋，发现了一台很可能是“基地”组织的艾曼·扎瓦希里（Ayman Zawahiri）使用过的电脑，里面有关于筹备生化战争项目的文件。

当地媒体报道。随着全球各地都在关注全球反恐战争，在美国机构几乎没有部署搜集资源的某些地区，新闻报道可以帮助填补这方面的空白。比如，在马来西亚和印度尼西亚举行的审判中，就有不久前对巴厘岛爆炸案嫌疑人的审判。嫌疑人在审判中，做证称“伊斯兰祈祷团”与“基地”组织之间存在关联，说出了涉案头目的名字，并指认了在“基地”组织阿富汗训练营接受训练的人员。此类新闻报道发布在 LexisNexis 数据库中，往往也可以在报纸网站上找到。

官方的政府声明或泄露的官方报告。如果有人在全球反恐战争中被捕并接受审讯，当地官员通常会公布这些拘留信息，有时其他官员也会私下与当地记者谈及这些情况。同理，这些信息将会出现在当地媒体中。比如，巴基斯坦政府官员发布抓获“基地”组织成员的声明，以及审讯与“基地”组织有关联的核科学家和物理学家的声明；马来西亚和印度尼西亚警方发布关于“伊斯兰祈祷团”恐怖分子嫌疑人的报告。

九、对大规模杀伤性武器项目进行战略分析：如何“组装”所有数据，以建立多维模型

在对大规模杀伤性武器项目进行多维分析时，可能使用的数据的种

类和数量都是极其庞大的。乍看时，似乎必须掌握庞大的计算能力和新型的“数据挖掘”工具，以应对“海量数据生成的新型情报”这种挑战，那么“我们如何从海量数据中提取新型情报”？如果只使用 MS Word 和 PowerPoint 作为数据管理工具去开展案例研究，就能看出多维分析可以克服“海量数据生成的新型情报”挑战，以及数据数量过大和维度过多的问题，主要原因在于使用了自上而下的方法。

自上而下的建模方式是多维分析所固有的，可将人们发现的“海量数据生成的新型情报”挑战中的劣势转化为优势，主要是通过超越牛顿假定的办法来实现的。

大规模杀伤性武器或化学、生物、放射性、核或高爆武器项目是一种战略项目，如上所述，它们要求国家或恐怖组织制订和实施一项计划：提前规划两个 OODA 循环，一是制造武器的后勤循环，二是部署和潜在使用武器的运行循环。在后勤循环中，需要建立相应组织去组装大规模杀伤性武器或化学、生物、放射性、核或高爆武器；下达建立的命令意味着这项计划必须得到实施，也必须在几年或几十年内一直保持有效，因为只有在如此漫长的时间里，才能实现从计划（概念），到制造大规模杀伤性武器或化学、生物、放射性、核或高爆武器的基础设施（成熟），

生物武器项目存在弱点，无法防范多维分析

- 制造生物武器需要的规划活动，应当是涵盖整个组织的基础设施的。领导者必须协调那些通常不会彼此互动的人员和组织，使之相互配合。
- 关键人员包括：战略领导者、运行领导者、技术支持人员和后勤支持人员。
- 需要在各个设施之间运输设备和材料。
- 生物武器项目的关键人员是专业人士，而且他们经常出差。
- 生物武器技术几乎都是两用的。
- 武器生命周期的研究阶段是公开来源的。

再到实施这项计划，以及使用新的基础设施去部署武器。因此，任何大规模杀伤性武器项目都需要长期规划，这是最难防范情报分析的弱点。因此，历史数据集越是“海量”才越好。

此外，虽然所有大规模杀伤性武器项目都有两用性这个问题，会让区分大规模杀伤性武器与传统方案的分析问题变得更加复杂，但这些项目的两用性质意味着关于它们的可用数据远比预期要多。许多大规模杀伤性武器项目有可能“藏于明处”，或是因为两用确实意味着两种用途，即微生物学家既可以制造用于合法医疗保健的疫苗，也可以制造生物武器制剂，或是由于拒止与欺骗造成的结果。无论哪种情况，即使很难解读，这些数据也都是可用的。同理，更多的数据意味着可以建立更好的六维模型，因为数据越多，这种模型就越容易解读。

再者，数据的维度问题也会让解读工作遇到困境。但是，如果建立六维阶层模型的方法论是简单明了的，那么无论它有多么冗长，只要坚持不懈，就可以提供更好的评估。

十、重建扩散网络

使用多维分析方法，针对大规模杀伤性武器项目建立六维模型时，第一步就是要为这个流程制作粗略的流程图或时间线，应当涵盖组装武器所需的各个步骤。例如，任何核武器项目都需要获取可裂变材料，因此任何核武器项目的流程图都必须包括铀浓缩，或是从反应堆乏燃料中回收钚，或者购买或窃取提纯元素等备选方法。

粗略制作出基本时间线之后，就可以绘制一个假设的组织结构图，应当涵盖组装武器所需的所有技术、后勤和运行等方面的技能。同理，这个组织可以对大规模杀伤性武器的有效负载自行开展研究，也可以尝试购买或窃取部件；这个粗略图表必须涵盖所有的可能性。然后对当前可用的所有情报进行评估，再开始进行非常粗略的分析，具体做法是将每个“仿真陈述”都归因于时间线上的某个特定流程，以及负责（或）组织结构图中该流程的组织。此时工作目标是能够将关键人员或关键组织，与大规模杀伤性武器时间线上的那些步骤链接起来。这时，时间线上肯定会有许多空白。然而，如果时间线上只有少数几个关键事件，同时可以识别出相关的人员和组织，那就可以将这几个实体当作种子，用来建立六维模型。识别出一些人员和组织之后，就可以创建他们的简历或组织的历史。但愿所制作的时间线可以识别出总体时间线和组织结构图中的一些链路。请注意，地图在这个阶段帮助不大，因为已发现的交互很可能在时间和空间等维度上相距甚远。

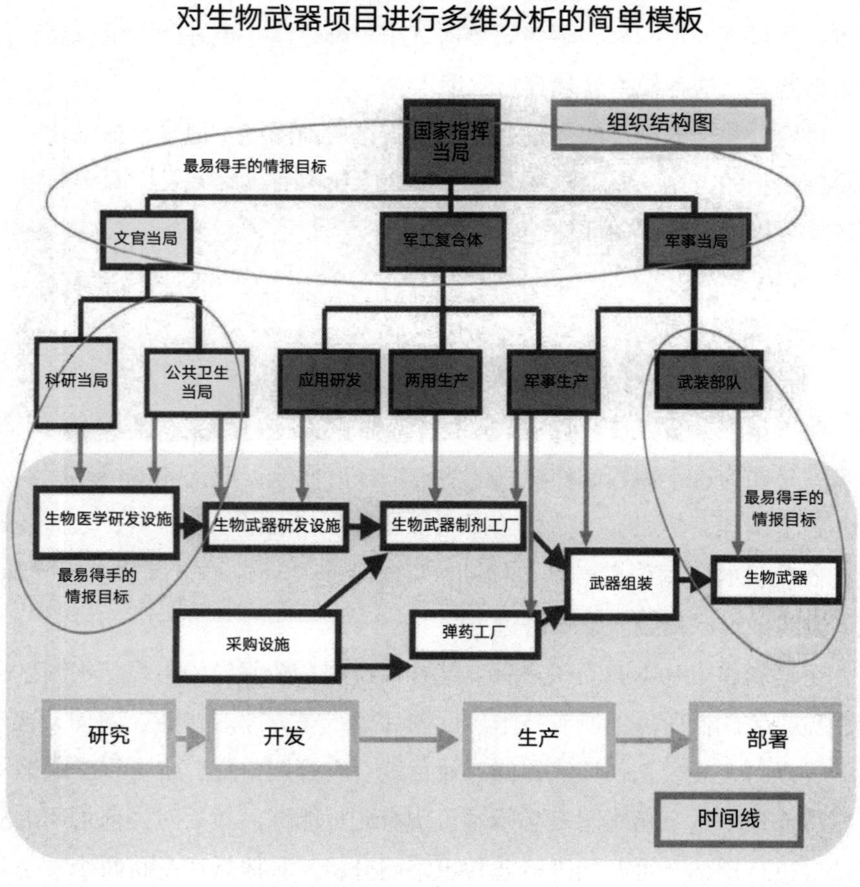

图9-19

针对这些已知实体的初步工作完成后，应当使用基于情报“浴缸曲线”的系统方法，建立总体六维模型。因为很可能大部分可以获得的数据都是关于总体流程的第一步和最后一步，以及关于曝光率最高的领导者的，因此分析人员会将这些实体定为目标，并对组织基础设施开展详细调查，不必过多考虑这些数据是否与大规模杀伤性武器直接相关。例如：

- 如果确定巴布尔微生物研究所可能参与生物武器项目，就要创建它的历史，应当包含能从所有来源那里确定的尽可能多的人员和项目。
- 如果得知该研究所隶属于卡加吉斯坦卫生部，就要创建卫生部的历史，应当包含其下属机构、领导者及其下属组织。
- 如果得知卡加吉斯坦陆军使用飞毛腿导弹（据报道，其他国家使用的飞毛腿导弹能够搭载化学武器或生物武器），将创建关于卡加吉斯坦飞毛腿项目的粗略历史，以确定该项目何时开始，导弹是自制的还是购买的，以及指明哪些军事单位使用它们的任何征候。

这时，多维分析的目标是开始填充这个总体图表，以便为国家这个组织提供背景资料。具体方法是自上而下地研究实体，即寻找这些实体参与的流程，比如两用研究或导弹系统采购等。找到相关报告并创建简历或实体的历史之后，就可以开始以自下而上的方式建模，将那些下属实体“组装”成一个单元，这里的重点是科学家、设备、材料，以及发生在特定设施内的流程。每当有任何实体被描述时，它的六维模型就可以提供线索，让人知道下一步应当去哪里寻找，因为人们可以“向下钻取”，深入了解它的下属实体和流程，也可以创建更加通用的流程，以及它所隶属的上级组织。

对大规模杀伤性武器项目进行多维分析获得的经验教训

- **跟踪人员**……他们会带你找到这个项目。
- 关键人物的简历至关重要。
- **历史非常重要**……除非知道他们去过哪里，否则你无法知道他们要去哪里。
- 组织结构图与时间线之间的关系至关重要。
- 设施是时间线上的流程，也是“装入”组织的盒子。

在使用多维分析处理多个化学武器和化学、生物、放射性、核或高爆武器项目时，人们吸取的主要经验教训是，多维分析方法的使用并不困难，也不需要大量的计算能力。然而，它们是冗长的，因为人们需要对目标国家的基础设施和领导层形成全面概述，从中挑选出与大规模杀伤性武器或化学、生物、放射性、核或高爆武器有关的部分。而且这项工作需要大量的时间和阅读量。比如，关于朝鲜生物武器的多维分析项目已经实施了将近三年，但相关报告的初步部分尚未完成。但是，获得的收益已经很大了。通过详尽的六维模型，使用多维分析的预警分析人员可以做到使用常规方法难以做到的许多事情。

十一、开展多维分析，提供战略预警

（一）多维分析可以在大规模杀伤性武器和恐怖主义的世界提供战略预警

由于时间线是多维分析的核心图表，只要了解大规模杀伤性武器项目来自哪里，以及关键事件过去何时发生，预警分析人员就可以提供关键评估，指出它未来可能的发展方向。最重要的是，多维分析可以在大规模杀伤性武器实际制造之前，提供关于此种武器项目的预警；也就是说，它可以在敌人新的战略基础设施建成之前提供情报，让人了解它究竟是什么样子的。简言之，使用多维分析，预警分析人员可以提供战略预警，即使在大规模杀伤性武器和恐怖主义的世界也是如此。

（二）多维分析可以为目标搜集提供非常具体的信息

如上所述，提供给搜集人员的反馈是至关重要的，可用来建立完整的六维模型，而且模型中每个实体的详细模型，也可为新的搜集提供背景资料。

（三）多维分析可以提供关于情报差距的具体评估

在多维分析中，情报差距变得非常明显。六维模型上那些并未填充的实体（大洞）令人担忧。然而，在它们周围的模型被填满之后，分析人员就可以建立一个关于需要搜集什么的相当详尽的模型。比如，如果巴布尔微生物研究所建于 1984 年，次年开始与鲍里索维奇博士合作研究炭疽，那么人们就可以作出预测，称在 20 世纪 80 年代末的某个地方，可以找到建造发酵罐的努力，无论它是军方发起的，还是为了生产生物杀虫剂或疫苗。在时间上向前或向后作出预测，无论是沿着时间线预测项目，还是沿着组织阶梯向上或向下预测关键人员，都将是非常有用的做法，可以帮助确定下一步要去哪里寻找情报，才能弥合差距。

> ……更加重要的是必须了解特定问题对于国家的战略重要性，而不是过度重视传统行为和优先事项。[1]

多维分析还可以提供一种机制，帮助筛选出评估中的镜像思维，或是关于某国优先事项的思维定式，如此就可以提供某种征候，让人看到某些差距是否真是差距，抑或是其他什么东西。例如，我们可能评估认为，如

---

[1] Cynthia M. Grabo, *Anticipating Surprise: Analysis for Strategic Warning*, ed. Jan Goldman (Washington DC: Joint Military Intelligence College's Center for Strategic Intelligence Research, 2002), 86.

果一个国家想使用有人驾驶飞机在战场上投放生物武器制剂，将是非常愚蠢的，也可能认为让特种部队秘密投放制剂的做法，是在战场上攻击美国军队的更好方法。如果有报告可以填入时间线上“飞机投放”流程，但没有“特种部队投放”的流程，则可评估认为：或是存在情报差距，或是敌人进行了出色的拒止与欺骗，又或是确实没有特种部队执行投放任务。在多维分析中，分析人员在评估哪项为真时，可以借助相关的组织或人员数据，比如飞机部队接受自杀行动训练，一些部队接种了疫苗但其他部队没有，生物学家前往某些部队，或是有任何部队可以不经普通战术渠道直接接受战略指挥部的指挥。鉴于在大规模杀伤性武器项目中，任何一部分都会与另一部分在时间和组织上存在多重关联，即使存在拒止与欺骗，也应当会有某种关联是可用的。

能力可以说明一切。对军事力量集结进行符合实际描述的做法，往往优于一系列估计性判断，从而让人更好地感受到敌方采取行动的可能性，因为后者不包含军事细节或评估所依据的理由。理解能力，并且能够客观地看待能力，这是理解意图的先决条件。[1]

（四）多维分析可以帮助评估“什么原因”

关于“什么人”“什么事物”“什么时间”“什么地方”“什么原因”“什么方法”等问题，传统情报分析方法只关注武器和设施，它可以解决“什么事物”和“什么地方”，但很难评估其他问题。我们已经阐明，多维分析可以直接解决写出一个好故事所需的除“什么原因”以外的所有问题。

对于所有预警分析人员来说，评估“什么原因”显然是最为棘手的问题，因为它需要“进入敌人的大脑”，推断此人的意图。主要难点在于，

[1] Cynthia M. Grabo, *Anticipating Surprise: Analysis for Strategic Warning*, ed. Jan Goldman (Washington DC: Joint Military Intelligence College's Center for Strategic Intelligence Research, 2002), 24.

目前对意图所做的任何评估，都必须完全以他人对意图的评估为基础。通常，对意图的评估是由某个线人提供的，此人声称听到目标领导人说出了某事。即使原话是“我计划建立一个生物武器项目”，该声明也不能提供真实的评估：线人可能听到的其实是另一个不同的陈述，但被他自己解读为上面的意思；或者该领导人可能作出了这样的陈述，但想表达的并非字面意思；又或者，该领导人可能说的确实是这个意思，但由于许多原因，他可能并没有能力实现这个计划。

虽然多维分析在开展评估时会考虑到此类陈述，但它也可以提供关于意图的独立评估。如果该领导人真要建立一个生物武器项目，那么这些言论会在许多不同的场合（包括规划会议和随后举行的组织会议）生成更多的言论……贯穿时间线上的所有步骤。该陈述是不是在时间线中的正确位置发布的？在场人员是否确系组织中将要执行此项命令的“正确”领导者？最重要的是，关于其基础设施可以提供的能力，在经过评估之后，是否可以确定它与计划，以及与此前创建此类项目的历史记录是一致的？

多维分析评估意图的依据是行动而不是言语。应当为潜在的大规模杀伤性武器项目创建时间线，这样人们就可以将两用制剂或负载等项目，与平行的弹药项目进行比较，然后将关于生产和使用的报告，与先前掌握的关于该项目如何为所评估武器进行研发的情况，以及目前掌握的关于该项目如何为下一代武器进行研发的情况等进行比较。

所有这些流程都需要规划。规划可以展现意图。评估意图，即某人做某事是出于“什么原因”，这对于战略预警来说是至关重要的。

第 10 章
对我们建模的方法建模

我们如何提供战略分析，从而制订自身的战略计划？打造信息时代预警分析的第二步，就是对我们的思维方式建模，即建立和检验假设，从而提供战略预警，如此我们就可以开发工具，帮助将这个流程自动化。

一、从更快地响应到更聪明地思考：信息时代的战略分析

美国国防战略是通过驾驭先进技术的力量，寻求实现新的效率水平。未来军事战略的核心前提是建立一个“系统组成的系统”，以获得可以占据优势的战场知识。合并来自搜集和处理系统的数据后，可将生成的信息与武器系统和士兵整合在一起，实现无缝的“传感器到射手”（sensor-to-shooter）流程。将这些与机动、打击、后勤和保护等能力关联起来，就可以让任何层面的决策者在任何一种作战态势下，作出响应的速度都能远远快过任何敌人。[1]

---

[1] Annette J. Krygiel, *Behind the Wizard's Curtain: An Integration Environment for a System of Systems* (Washington D.C., National Defense University, 1999), 1.

几乎每一次关于“驾驭先进技术的力量”的讨论，最终都归结为去定义哪些最关键的事情是新技术最终能帮我们做到的。答案永远是：我们将能够“以更快的速度作出响应”。这个答案当然是正确的，但如果我们仍然在牛顿的工业时代范式里，以战术方式进行思考，那么这个答案可能就会极具误导性。

知识窗

- 关于快速瞬变的观点指出，为了取胜，我们开展行动的速度或节奏应当比敌人更快，又或者，更好的办法是进入敌人的 OODA 时间周期或循环。
- 原因何在？此类活动将使我们显得晦暗不明（不可预测），从而让敌人感到混乱和无序，因为敌人在对抗我方的瞬变时，将无法生成可用的心理意象或图像，原因是我方瞬变的节奏或模式的威胁性比他们更强，速度也比他们更快。[1]

博伊德上校提出军事行动规划的决策循环概念时，就是在定义如何实现思维与行动的一体化，从而获得最佳的单元性能。他的模型的主旨是“在敌人的决策循环里”进行思考这个概念，也就是说，如果你能比敌人更快地完成决策循环，你就拥有优势。

这个概念有两层意思：一是观察、定位和制订计划的工作做得越好，循环就越有效；二是执行这个计划的速度越快，循环就越有效。然而，如前所述，最有效果的情报（观察和定位）组织是提供掌握信息但消极行动的网络，而最有效率的运行（决策和行动）组织是提供不掌握信息但积极行动的阶层。

因此，每个组织都必须通过谈判，拿出一个折中方案。我是想要变得非常聪明但速度极慢，还是想要变得非常强大和速度极快但极其愚蠢？如

[1] Col John R. Boyd, *A Discourse on Winning and Losing*, Collection of un-numbered briefing slides, August 1987.

果我投入时间去理解所有情报，并想出尽可能最好的计划，那我将永远不可能做成任何一件事情，但如果我只制订一个计划，我就可以无缝并且快速地加以执行，但我做成的可能会是错误的事情。

冷战可以约等于双方零和博弈，这时线性的、牛顿的、工业时代的思维是能满足要求的。我们将会看到，这样做的结果就是得到一个一体化的“战略”计划，可以立即付诸实施……并将组织思维引向“非常强大且速度极快”的选项。

但在冷战后的多方非零和博弈里，牛顿思维已经过时。“非常强大且速度极快”很可能是极其愚蠢的。在信息时代，人们取得胜利的主要原因是比敌人更加聪明。但怎样才能做到既快速又聪明呢？毕竟，我们的目的仍然是能够“深入思考”敌人的决策循环。

快是相对的。如果人们进行的是战术思考，快的意思就是感知即将到来的攻击，并以比敌人更快的速度作出响应。如果人们进行的是战略思考，快的意思就是感知世界、敌人和自己，并以比敌人更加有效的方式提出建设新基础设施的新计划，然后以比敌人更快的速度建设和使用这个新的基础设施。

> 战略思考和战略规划可以跳出当前循环，进入下一个决策循环。最有成效的组织能够以尽可能快速和高效的方式执行当前计划，同时重建自身以便提出新的计划。

新建任何基础设施的工作，从本质上讲都是速度极慢的。比如，从零开始制造任何大规模杀伤性武器，都需要花费数年的时间。在战略时间尺度上，“快”就像是在观看冰川移动。因此，战略计划必须是“聪明的”。如果我们的下一代组织和工具能比敌人更加聪明、更加有效，就会占据上风。

在进行战术思考时，越快越好。在进行战略思考时，越聪明越好。

因此，为了能给战略思考提供战略预警，我们需要自我重建，准备迎接一场打击恐怖主义和大规模杀伤性武器扩散的战略战争，即使我们正在参与打击恐怖主义活动和大规模杀伤性武器扩散的战术战争也是如此。要想做到这一点，我们必须创建新的工具，以便能够更加有效地进行思考，以及必须重新定位我们的组织思维，以便提供战略预警和规划。

二、假设检验是一种 OODA 循环：思考我们的思考方式

显而易见，我们应当确定外国军队的战斗序列，这对于预警情报具有决定性的重要意义。事实上，预警取决于能否确定事实，而不是确定事实的意义以及发布解读性判断等更为复杂的问题。由此可知，关于战斗序列的事实往往正是预警中最重要的因素。[1]

确定外国军队战斗序列正是进行战略思考的内容之一。在确定敌人正在构建什么样的力量之后，人们可以预测敌人正在计划的是哪种军力结构。计划可以用于定义后勤，但后勤也可以用于体现计划。多维分析提供了一种系统性方法，可以用来定义敌人大规模杀伤性武器的战斗序列。敌人拥有什么大规模杀伤性武器？想要制造什么大规模杀伤性武器？了解这些情况之后，人们就可以预测敌人计划制造什么样的大规模杀伤性武器。大规模杀伤性武器战斗序列与标准战斗序列的主要区别在于，前者包括两用产业、组织、领导者、科学家和工程师。

不一定必须让更多人员参与评估流程，尤其是那些并不熟悉所有可用信息的人员。最准确的预警判断往往是由少数人作出的。大多数冲突的发生时点都比大多数人认为的要早得多。关于危机迫在眉睫的最初征候，往

[1] Cynthia M. Grabo, *Anticipating Surprise: Analysis for Strategic Warning*, ed. Jan Goldman (Washington DC: Joint Military Intelligence College's Center for Strategic Intelligence Research, 2002), 55.

往是在冲突爆发的几个月之前收到的（但有可能未被察觉）。预警是一种研究类问题，是对这些趋势和动向进行深度的累积式汇编和分析，而不是过度关注最新或最动态的信息，因为后者具有极大的误导性。[1]

多维分析是辛西娅·格拉博对预警情报所做评估的直接产物。历史非常重要。了解正在研究、开发和制造的大规模杀伤性武器的历史，可以为战略分析提供基线，也可以为战略预警提供基础。但是，除非我们在进行多维分析或战略预警时，能够对我们自己的思维流程建模，否则我们不能指望可以编写出计算机算法，再用此方法将这个流程自动化。我们应该怎么做？再次重申，格拉博已经提供了关键线索：

预警是一种研究类问题，是对这些趋势和动向进行深度的累积式汇编和分析……[2]

多维分析或战略预警是研究类问题。首先，每个情报分析人员都是研究人员。

如前所述，伊拉克的大规模杀伤性武器问题，与笔者八年级女儿的发明项目或其他任何类似研究并无不同。所有批判性研究的核心都是假设检验（hypothesis testing）。当然，假设检验的目的就是对所提问题作出的回应。什么人？什么事物？什么时间？什么地方？什么原因？什么方法？随后，根据自己的决策循环实施相关研究：

- **假设**。建立一种可能的世界运行机制，再定义一项实验来检验这个

[1] Cynthia M. Grabo, *Anticipating Surprise: Analysis for Strategic Warning*, ed. Jan Goldman (Washington DC: Joint Military Intelligence College's Center for Strategic Intelligence Research, 2002), 162.

[2] Cynthia M. Grabo, *Anticipating Surprise: Analysis for Strategic Warning*, ed. Jan Goldman (Washington DC: Joint Military Intelligence College's Center for Strategic Intelligence Research, 2002), 162.

假设。

- **实验**。与世界进行一系列的交互，并搜集数据。
- **观察**。观察数据。
- **假设**。将数据与该项假设的预测进行关联；保留数据支持的假设，放弃与数据不符的假设。
- 重复上面步骤。
- **理论**。进行大量实验，其数量足以为某个给定假设赋予极高的置信度，此后这个假设就可以升格为“理论”。

在科学方法、研究人员的决策循环，以及 OODA 循环之间，唯一的区别就是事件的顺序。

研究

假设—定义实验—开展实验—观察—建立假设或理论。

军事

定位—决策—行动；观察—定位。

对于军官来说，最重要的步骤就是针对敌人采取行动，因此，OODA 循环将在这项行动中达到顶点。对于研究人员来说，最重要的步骤是理论，因此，假设检验循环将在提出更好的假设和得出最终的理论之际达到顶点。

对于军官来说，采取行动是最重要的。对于研究人员来说，为未来的行动制订计划是最重要的。

对于军官来说，行动是被搜集所驱动的。对于研究人员来说，行动是被假设所驱动的。

回答最初问题的关键步骤是定位，将假设与观察到的数据进行比较。研究人员的主要任务是建立假设，它回答这个问题的答案与所有数据都是相符的。对于军官来说，这并不是问题，因为决策者已经确定了哪个假设可以回答这个问题，以及哪个计划可以实现这个假设；动态情报正在将新数据与原计划进行比较，以确保一切都在按照计划进行，以及（或者）计划中的一切意外情况都已得到解决。

动态情报分析人员的决策循环是一个经典的OODA循环，因为它的目的是针对当前计划的实施情况，提供具有可操作性的评估。因此，动态情报是被搜集所驱动的。

- **观察**。观察传入的报告。
- **定位**。根据当前计划对该项报告进行定位，并根据计划来评估报告对行动的影响。
- **决策**。决定哪些是最重要的内容，以便上报当前行动中最重要的报告内容。
- **行动**。将报告提交给决策者。

然而，预警分析人员的决策循环必须更像研究人员的循环，因为预警分析人员的目的是提供具有可操作性的评估，以制订新的计划。因此，预警分析是被假设所驱动的。

- **定位**（作出假设）。使用的是关于敌人的六维多层模型中的所有当前数据。
- **决策**（建立实验）。确定需要搜集什么才能检验假设。
- **行动**（开展实验）。从可用的数据库和图书馆中检索报告，又或者在必要时下令开展新的搜集。
- **观察**。观察搜集到的数据。
- **定位**（作出评估）。根据假设，评估新近审核过的数据。
- **定位**（作出评估）。评估假设是否确系理论。

  如果不是，重复上述步骤；

  如果是，进行下一步。
- **行动**。将评估结果和有可能拟出的新计划提交给决策者。

战略分析和预警是被假设所驱动的。多维分析是被假设所驱动的。因此，为了能在战略分析人员对世界建模时，针对建模方法进行建模，并据此确定该分析人员可能需要什么样的工具，我们需要仔细探讨假设检验中的那些步骤。

优质的战略分析最终可以解决基本问题（正是这些基本问题启动了这项研究）：正在建立大规模杀伤性武器项目的是什么人？此人制造的是什么武器？项目是在什么地方建立的？此人计划在什么时间、什么地方使用它们？将以什么方法使用它们？此人采取这项特定策略是出于什么原因？如前所述，多维分析可以将空间、时间和组织中的实体链接起来，并据此绘制图表，展示大规模杀伤性武器在这些维度上的历史。为了提供战略预警，进行多维分析的分析人员需要在六维中绘制大规模杀伤性武器项目的图表，然后解读结果，以解决用户的问题。

关于这一点，最有意思的地方在于问题及其答案实际上总是线性的，而且用户希望听到以故事形式提供的线性答案。然后，预警分析人员需要化身为故事的讲解人员，从六维地图中选出特定的线索来与用户沟通。这与舰船上导航员的角色非常相似。导航员需在地图上标出本船与所有礁石浅滩的相对位置，并挑选出抵达目标的最优航线。这是因为用户就像船长一样，需要回答关于本船的同一组问题。我要去见什么人？我的任务是什么？我是从什么时间开始的？我规划的航线去往什么地方？我将以什么方法实施计划？它很重要是出于什么原因？

无论是进行观察并将其与当前假设或地图进行比较，还是接受假设或地图并就计划作出决策，定位流程都是不完整的，除非六维分析可以成为线性故事，进而在这个六维的假设或世界观中，为我们自己和我们的敌人绘制出最优的猜测轨迹或向量。

三、从假设到理论：建立关于理论建立方法的理论

从对世界观察的结果或已搜集的数据出发，到掌握关于世界的知识，

或有能力传输这种知识，进而制订具有可操作性的计划……在这个流程中，研究人员需要执行多个步骤。

科学研究的核心一直是假设检验。在信息时代仍然如此，但随着我们有能力生成、存储和调出海量数据，科学家建立和检验假设的方式正在发生重大变化。

四、从纸质世界研究到网络世界研究

科学家会建立一个假设，然后检验该项假设，具体做法是分析当前数据，并提出一个得到这些数据支持的关于世界运转方式的理论。这位科学家会拟定实验来检验该项假设，然后进行这些实验，再将实验结果与该假设预测的结果进行比较。如果实验结果与假设一致，就可以使用不同的新实验来完善这个假设，并进一步对其进行检验。这一系列的假设检验步骤可以不断完善假设，而当已经进行了足够多的实验检验，并且数据足以很好地支持假设时，这位科学家就可以认为假设已经成为理论。

在过去，也就是整个工业时代，这些步骤总是按照以下顺序进行的：

建立假设

拟定实验

进行实验

比较实验与假设

完善假设

在信息时代，科学方法保持不变，只有一项变化——循环的时间。数据被搜集和被存档至数据库的速度极快，这意味着进行假设检验这项工作时，无须依赖实验室实验或情报搜集。此外，以前搜集到的科学和情报数据的存档格式，可供人们现在轻松地访问和调取。因此，生物信息学的基础是科学方法发生的新转折。科学家现在可以提出一个假设，然后拟定一个实验来检验这个假设，但在进入实验室之前，这位科学家需要提出一个问题："是否已经有人做过这个实验了？"然后，这位科学家就可以检查所有可用的数据库，另外如果实验已经完成，还可以使用这些实验结果来检验假设。情报分析人员也应该能够做到这一点：使用多维分析来理解情报报告的做法，与使用生物信息学来理解生物数据是类似的。

信息时代的生物学可以使假设检验与实验脱钩，从而令科学方法稍作改变。生物学家现在可以使用许多可用数据库中存档的数据，去进行假设检验。因此，在信息时代，科学方法中的实验与假设检验等组成部分是可以彼此分离的：

实验循环

拟定实验流程

开展关于某个基因组或生物体的实验

在数据库中存档数据

核查数据库的完整性

着手研究新的基因组或生物体

信息循环

建立假设

拟定实验

从数据库中调出实验结果

比较实验与假设

完善假设

同理，情报分析人员现在可以使用许多可用数据库中存档的数据，去进行假设检验。在信息时代，分析方法中的搜集与假设检验等组成部分是可以彼此分离的：

搜集循环

拟定搜集需求方案

搜集关于给定目标的情报

在数据库中存档数据

核查数据库的完整性

着手搜集新的目标

信息循环

建立假设

拟定检验假设所需的证据

从数据库调出报告

比较报告与假设

完善假设

只有当所有数据库中都没有实验结果或情报报告时，信息时代的生物学家或分析人员才需要亲自进入实验室开展实验，或是前往实地搜集新的情报。

五、信息时代的生物信息学、多维分析和假设检验

在任何种类的研究项目中，研究人员都要完成一系列的步骤：从提出研究问题，到发表支持实验结果的理论。情报分析人员也要执行完全相同的一系列步骤：从识别情报问题，到发布支持情报报告的评估。生物学家和分析人员都在拆分各自的假设检验，使用的正是历史学家几十年来一如既往的工作方法。

历史学家从事两种研究：一是搜集和归档各种历史文物和记录，二是根据搜集归档的成果开展分析。比如，研究美国内战的历史学家可以选择前往历史战场遗址挖掘，寻找新的文物，或者是在历史人物后代保存的个人物品中寻找新的证据。有时，如果其所调查的时代不算遥远（比如第二

次世界大战），那么历史学家就可以采访那些亲身参与的人员。从很多方面来看，这种类型的历史研究都很类似于生物学家进行假设检验时使用的实验方法，也很类似于经典的情报搜集循环。然而，有些历史学家从来不会去搜集文物，而是利用图书馆去挖掘文件和记录，从中得出关于历史事件的新见解。有时这些记录会是原始证据，比如法庭记录或政府机构的档案，但通常来说，这些记录是其他作者出版的书籍。

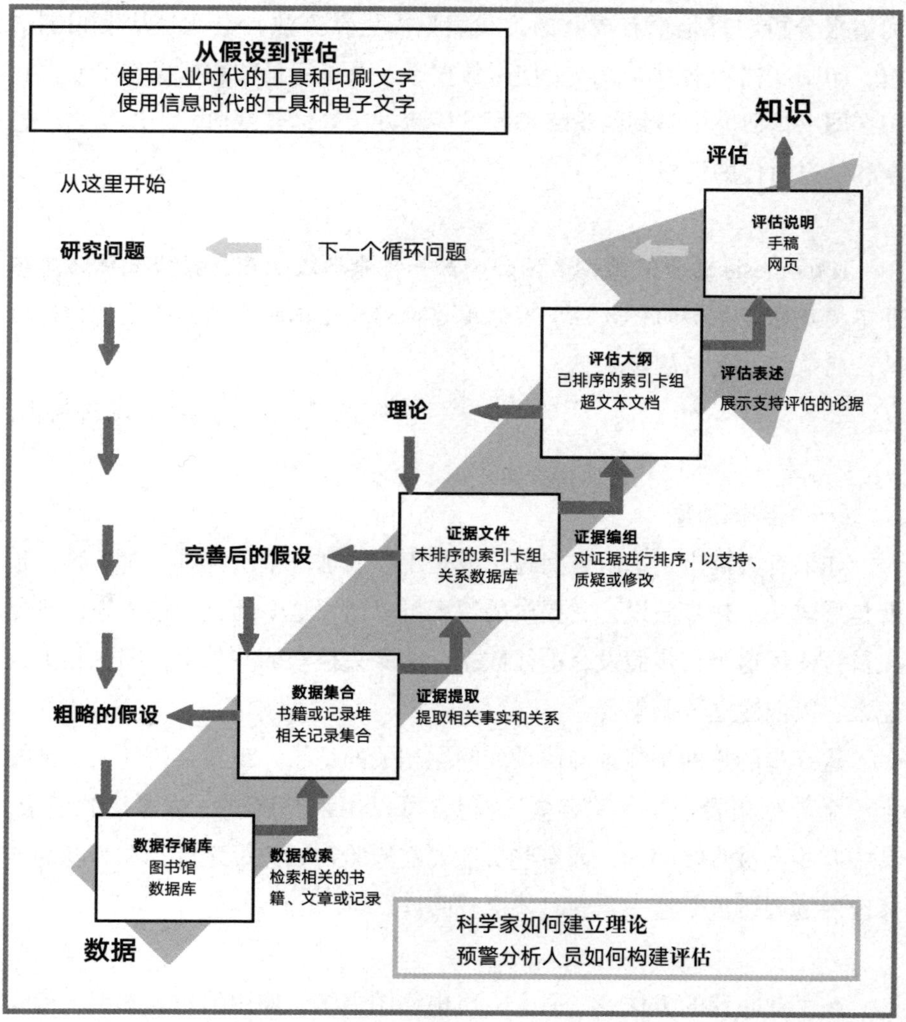

图10-1

随着自动化数据集合的问世，生物研究人员和情报界都开始在数据库里积累档案，这种档案类似于存储在图书馆中的历史档案。因此，生物信息学和情报分析的方法论，最终变得更加类似于历史学家的图书馆研究，而与传统的实验或搜集方法渐行渐远。

我们在学校已学会如何开展基于史实的图书馆研究。这种研究使用的方法论可以作为一种思维和方法的模型，而且事实证明，它在生物信息学和情报分析中都是卓有成效的。我们只需更新方法，也就是从使用图书馆、印刷文档和索引卡，改为使用数据库、电子记录和数据操作工具。我们在图书馆研究中学到的策略和假设检验方法等，非常适合处理生物信息学和信息时代的情报。

> Hypothesis 意为假设，名词……2. 一种命题或原理，提出或陈述（但并不提及它与事实的一致性）后仅用作推理或论证的基础，或是用作得出结论的前提；也指假定。
>
> ——《牛津英语词典》

（一）数据检索

如果有人提出一个研究问题，或是正在处理一个研究难题时，第一步就是形成一个初步假设，它提供的答案可以回答这个问题。接下来，研究人员将使用这个初步假设，前往数据存储库去检索那些与手头问题相关的记录，以便建立数据集合。

这一步的目的是搜集与假设或问题相关的记录。现在，研究人员掌握了一个数据集合，又称“鞋盒”，包含可以用来开展进一步评估的记录，其中有些会被直接阅读，而有些可能要在检验初始假设之后，在为新的或修改后的假设重复这一步骤时才会被阅读。

- **工业时代的方法论**。研究人员前往图书馆，使用编目和索引，检索与该问题相关的书籍和文件。这些资料将被其带回家中，或留备将来使用。

- **信息时代的方法论**。研究人员登录互联网、在线图书馆或数据库，使用布尔[1]搜索工具，识别并检索那些与该问题相关的记录。然后，这些资料将被下载，留备将来使用。

建立数据集合的附加价值在于，这样一来，研究人员就可以拥有本地数据集，包含的是与所提问题或所处理难题相关的记录。当研究人员提取证据并为各种假设构建案例时，这个数据集——装满宝贵“东西”的“鞋盒”，将是一种非常重要的资源，可以用来找出新的证据，供人放弃、修改或提出假设。

Evidence 意为证据，名词……5. 相信的基础；倾向于证明或否定结论的证词或事实。

——《牛津英语词典》

（二）证据提取

积累了足够的数据集合之后，研究人员就可以阅读相关记录，并提取与手头问题相关的证据[2]。此时，如果发现初步数据检索没有搜集到所有必要的相关记录，研究人员就可以使用获得的新的关键字，开展下一轮数据检索。然后，提取的这些证据将被存储在证据文件中。

---

[1] 布尔（Boolean）是一种逻辑类型，是数学家乔治·布尔（George Boole）提出的。它只有两种值，通常是真和假。——译注

[2] 由此可知，笔者已将“证据”定义为与手头问题相关的数据。因此，“证据”总是与假设相互关联。例如，对于艾森豪威尔将军来说，1944 年 6 月 5 日英格兰或加利福尼亚的大气压只是数据，但冰岛的大气压是证据，可以支持如下假设：冰岛 6 月 5 日的大气压读数很低，说明 6 月 6 日英吉利海峡天气恶劣。当然，只有当艾森豪威尔将军正在解决“我明天是进攻还是不进攻”这个问题时，大气压力和恶劣天气的假设对他来说才有效。也就是说，并不是数据存储库中的所有数据都是“证据”。数据只有在被搜集到并被判定具有相关性，然后被排序并被判定与手头假设相关之后，才成为“证据”。

这一步的目的是找到所有数据，它们通常被称为“仿真陈述”或“沙中之金”，可以作为证据，用以检验、支持、质疑或修改手头正在处理的假设。这些假设可以是非常笼统的，即“所有朝鲜微生物学家都有可能参与生物武器项目”，也可以是非常具体的，即“金钟浩博士正在生产用于武器化的炭疽发酵剂”。关键在于必须谨记，证据是支持或质疑某个假设的“证词或事实”的集合。因此，证据提取工作极度取决于手头假设，而且在针对新的或修改后的假设进行证据提取后，这种方法将会产生不同的结果。

- **工业时代的方法论**。研究人员阅读“鞋盒”中的相关书籍和文件，并寻找可以作为证据，用来支持、反对或修改假设的每一则事实和观点。这些事实和观点将被复制到索引卡上——每张一则，并附有参考文献信息。这些卡牌将留备未来分析。
- **信息时代的方法论**。研究人员阅读电子“鞋盒”中的相关记录，并对可以与假设产生关联的每一则事实和数据进行“剪切和粘贴”操作。如果预计最终的数据集会很小，还可以将这些“沙中之金”一般的证据复制到处理文字的文件里，也可将参考文献信息一并复制。

建立证据文件或未排序索引卡组的附加价值在于，与手头假设相关的那些“沙中之金”一般的证据都是可用的，可以用来直接评估这些假设，以及任何未来修改后的或新的假设。比如，有份报告称“金钟浩博士是肉毒杆菌毒素专家”，这份报告可被用来质疑“他正在生产炭疽培养物”的假设，支持“他正在负责肉毒杆菌毒素生物武器项目”的假设，或者仅仅支持“他是精通微生物学的专家”的假设。将这个“沙中之金”保存在证据文件中的做法，可以让研究人员事后检验这些假设或新假设时，不必每次都从数据集合的步骤开始。在多维分析中，证据可以链接六维中处于不同阶层的实体，即它可能导致某个假设走进死胡同，也有可能在检验另一个假设时非常有用。

Theory 意为理论，名词……4.a. 在对一组事实或现象进行解释或说明时，所持有的关于观点或陈述的体系或系统；可以通过观察或实验证实（或确立）的假设，是被提出或接受的关于已知事实的陈述；关于已知或被观察到的事物的一般规律、原理或成因的陈述。

——《牛津英语词典》

（三）证据编组

提取足够的证据并将其存储在证据文件里之后，研究人员就可以利用文件中的每一条证据去构建案例，以此论证假设。

如果文件里没有足够的关于某个特定主题的证据，研究人员就可以使用新的关键字，又或是关键字的布尔组合，以此执行下一轮的数据检索和证据提取，从而建立证据文件。必须谨记，证据文件是未排序数据，而证据的编组流程是对证据进行排序和重新排序，从而拟定一个逻辑连贯的故事，以支持某个假设。此时，理论或评估说明将有观点、事实、实验数据或情报报告作为支撑。

此外，为了方便并遵循学术原则，进行分析的首选方法是基于美国国家情报大学课程所倡导的理论，并包含麦凯钦、霍耶尔、图尔明、舒马和休斯等人提出的指导和模型。[1]

这些批判性思维模型远不止简单和直观，它们代表了更高阶的认知功

[1] 支持研究分析流程，以此开展分析推理的新方法论的专家有：道格拉斯·麦凯钦（Douglas J. MacEachin）、小理查兹·霍耶尔（Richards J. Heuer）、斯蒂芬·图尔明（Stephen E. Toulmin）、戴维·舒马（David A. Schum），以及弗朗西斯·休斯（Francis J. Hughes）。笔者强调的是，关于“自下而上的数据驱动的建模”与“自上而下的假设驱动的建模”的概念，实际上与霍耶尔提出的“数据驱动的分析”与“概念驱动的分析”的区别是完全一样的。关于他们作品的阅读清单，可以参见史蒂文·鲁（Steven S. Rue）的著作。

能，以及复制和阐释分析流程的能力，包括：竞争性假设分析法、运用证据和推论、论证，以及其他使用“想象力推理和批判性推理”的方法。[1]

定位是我们基因遗传、文化传统和先前经验的宝库，也是“观察—定位—决策—行动”循环中最重要的部分，因为它可以左右我们观察、决策和行动的方式。[2]

——博伊德上校

定位的建立基础是假设检验。如何将我们的“基因遗传、文化传统和先前经验”，集成到某个可以将这种世界观系统化以便进行决策的模型之中，这正是21世纪情报界面临的关键挑战。因此，开展研究，分析我们开展分析的方法，正是在计算机辅助下实施战略分析的关键所在。除非我们对自己的思考方式有了极其详尽的了解，否则我们无法为计算机编程，让它帮助我们思考。要想实现这一目标，第一步就是认识到分析也是研究，认识到假设检验也是OODA循环，以及认识到进入信息时代后，在国家的OODA循环中，被打破的正是定位步骤。

（四）理论编订

如果已经检验了假设，也对证据进行了编组以检验假设，这时研究人员就可以根据事实和实验证据或情报报告，提出新的理论。

这一步的目的是提供理论的“出版”版本，以此作为提出假设的故事和支持（或质疑）假设的证据。这时，视支持理论的证据是否完整，研究人员可以稍微后退，回到证据文件当中，也可以一路后退，回到数据存储库中去寻找额外的证据，以此构建案例。如果证据在这时是不完整的，应当要求研究人员提出并开展新的实验，或是搜集额外的情报，以进一步检

[1] GYSGT Steven S. Rue, USMC, *The Breakdown of the PC Paradigm: Information Display Technology As Analysis Inhibitor*, MSSI Thesis (Washington, D.C: Joint Military Intelligence College, August 2003), 12.

[2] Col John R. Boyd, *A Discourse on Winning and Losing*, Collection of un-numbered briefing slides, August 1987.

验这个理论。如果发现“沙中之金”那样的新证据，而且明显是可以质疑当前假设或理论的，科学家或分析人员就应当带着修改后或全新的假设回到证据文件中，然后根据当前可用的证据，快速对这个假设进行检验，但这些证据相对于新假设来说却是未排序的。能够对“证据文件”或“索引卡”进行重新排序，以检验或重新检验假设，这项能力远比建立和维护证据文件时所花费的时间和精力更为重要。[1]

理论编订的附加价值在于，研究人员已经采用了系统性方法论来搜集数据，也提取了可以直接支持或质疑假设的证据。科学家通常会等到假设检验循环已经完成足够多次的迭代，进而可以明确支持手头的理论之后，才会将其发表。情报分析人员通常没有这种奢望，但对于系统性假设检验的方法来说，特别是如果使用相同的证据文件，同时去检验多个彼此“竞争”的假设时，它就可以让分析人员能够在几乎任何时候发布自己的评估，无论是以摘要形式还是以论文形式。然而，随着循环迭代次数逐步减少，评估可能需要提供一个以上的假设，并且为每个假设提供支持和质疑的证据。

笔者认为，随着生物学界和情报界从印刷文字和图书馆的工业时代，步入电子文字和数据库的信息时代，支持假设检验的数据检索和证据编组等基本方法并未改变，也不会改变；然而随着更多数据变得可用，以及用以对证据进行识别、检索和排序的工具不断问世，这种方法将变得更加强大。

[1] “证据文件”或“电子索引卡组”的概念可以直接与分析方法，比如竞争性假设分析法（ACH）或使用证据和推论的其他方法关联起来。“证据文件”是分析人员汇集的未排序的“索引卡组”数据，因为它看起来与手头的问题是相关的。因此，如果使用竞争性假设分析法作为分析工具，分析人员可以对每个竞争假设的“索引卡”进行一次排序，以依次支持、怀疑或修改每个假设，以便做进一步比较。多维分析在这一流程中的强大之处在于，大量证据是在非常通用的模型（比如大规模杀伤性武器的基本时间线和组织结构图）的基础上汇编的，而且汇编后可以直接用作系统假设检验工具（如竞争性假设分析法）的证据文件。

六、在情报分析中使用同源搜索

生物科学中还一种强有力的证据评估工具，称作同源比较，又称同源搜索（homology searching）。它可能用在信息时代的战略分析之中。同源搜索的理论基础是，生物体的生长和发育都是通过基因网络完成的，该网络可对这个流程中所有的生化步骤进行编程，并且所编“程序”中的基因或是直接遗传的，或是来自祖先和父母但稍有变化（或突变）的。对多个大规模杀伤性武器项目进行的多维分析显示，大规模杀伤性武器项目的萌生和发展是基于组织网络完成的，该网络可以定义这个流程中所有的科学、技术和领导力步骤，另外多维分析也可以显示，项目中的人员可以直接从自己的科学或领导力等领域的导师那里获得知识和技能。

基因网络可以为生物有机体的发展编程。人的网络可以开发出大规模杀伤性武器项目。

基因特征是从祖先和父母那里遗传而来的。科学、技术和领导力等特质是从导师那里学习得来的。

再次重申，历史非常重要。

跟踪基因谱系可以帮助遗传学家和分子生物学家了解生物体的发育和疾病。跟踪导师谱系可以帮助预警分析人员了解组织的发展情况和大规模杀伤性武器项目。

多维分析针对大规模杀伤性武器项目所需的步骤和组织，创建了一个自上而下的图形假设。如果针对多个大规模杀伤性武器项目的多维分析已经完成，那么在相关的大规模杀伤性武器模型之间进行比较，就可以为更进一步的分析和搜集工作提供重要的线索，正如在遗传学和分子生物学领域，在有机体发育和疾病研究中，同源搜索正在成为非常强大的生物信息学工具。生物学家使用酵母、果蝇、小鼠和蠕虫等“模型”有机体，去研究人类的发育情况和疾病，因为所有这些生物的基因网络不仅在功能上是相关的，而且在谱系上也是相关的——来自共同祖先的共同基因。这种方法在研究大规模杀伤性武器的发展时也非常强大，因为世界范围内大规模杀伤性武器项目中，人的网络不仅在功能上是相关的，而且往往在谱系上也是相关的——来自共同扩散方和导师的共同方法。

识别出基因之间的同源性之后，可以将其用作证据或指导，从而开展进一步的实验。如果使用多维分析比较多个大规模杀伤性武器项目，此时在此类人员之间寻找同源性的做法也是极富成效的。这项工作可以通过以下四种主要方式来实现。

- **比较同一有机体内的疾病基因与正常基因**。将疾病患者突变基因的基因序列和结构与正常人的基因进行比较，如此分子生物学家就可以推断出导致患病时机能失灵的 DNA 和蛋白质的分子差异。比如，可以比较病人镰状细胞的人类 β－血红蛋白与正常人的 β－血红蛋白。同理，将与大规模杀伤性武器相关的领导者、科学家和工程师的简历，与在同一国家从事合法两用项目的“正常”人员的简历进行比较，如此预警分析人员就可以预测合法两用项目与大规模杀伤性武器项目之间的差异，着手构建相应的概况和指标。
- **比较同一有机体内的相关基因**。在有机体的基因家族中，通常会有编码同源但并不完全相同的蛋白质序列。比如，成人表现出的人类 α－血红蛋白和 β－血红蛋白，与婴儿和胎儿表现出的 δ－血红蛋白和 ε－血红蛋白就是如此。同源性这种证据可以证明这些蛋白质具有相似的功能，但生物学家可以推断出在身体不同部位或发育不同时期，那些发挥作用的不同基因之间的细微差异。未来可能的情况是，将大规模杀伤性武器项目的人员简历和组织历史，与合法两用项目进行比较，就可以指出两者在什么地方存在差异，或在什么时间开始变得不同。
- **比较相关有机体内的相同基因**。在不同的有机体内，高度同源的蛋白质通常具有相同的功能。比如，人类 β－珠蛋白与小鼠 β－珠蛋白就是如此。将一个国家的大规模杀伤性武器的人员简历和组织历史，与其他发展大规模杀伤性武器的国家的人员简历和组织历史进行比较，就可以揭示出新的大规模杀伤性武器项目。如果一个国家的人员主动向第二个国家扩散大规模杀伤性武器，此时这种方法会更加有效，因为在了解了第一个国家大规模杀伤性武器项目之后，就可以提供关于第二个国家大规模杀伤性武器项目的非常具体的“征候与预警”（I&W）。

- **比较相关有机体内的相关基因**。在不同有机体内，同源的蛋白质通常具有相似的功能。比如，人类的 β－珠蛋白与植物的血红蛋白就是如此。分析人员可以使用多维分析来处理许多不同的大规模杀伤性武器项目，然后比较使用这种方法创建的那些时间线和组织结构图，再以此为基础，针对大规模杀伤性武器开发所需的所有人物和组织，为其建立一个通用资料库。关键技能集合、组织关系和扩散路径等要素，都可以通过这种方式予以识别，如此在面对另一个大规模杀伤性武器或化学、生物、放射性、核或高爆武器项目时，人们就可以更容易地开展新的多维分析，因为人们已经针对每种类型的大规模杀伤性武器，建立了通用的大规模杀伤性武器多维分析模型，而且在对多个项目开展分析时，一系列各不相同的策略就会从这个模型中浮现出来。

现在，生物学家可以利用同源搜索的力量，使用一些简单的生物信息学工具，在与 DNA、蛋白质、遗传和其他数据库中的证据进行比较之后，推断出新发现基因的功能和机制，不必进行任何额外的实验室或田野实验！在使用多维分析对一些大规模杀伤性武器项目进行描述之后，就可以使用类似的同源搜索方法，从当前的数据库中调出更多的证据，不必进行新的田野搜集。如果分析人员专注于使用系统性的多维分析辅助的假设检验，根据全球大规模杀伤性武器项目的基线去作出更好的理论和评估，那么我们不仅会极大地加深对每个项目的认识，也必然可以了解大规模杀伤性武器的扩散机制。

七、计算机不会思考，人类才会思考：信息时代新的思维工具

系统可被定义为不同元素组成的集合，这些元素彼此关联或相关的程度极高，因此可以发挥出它们单独作用时无法发挥的独特功能。[1]

——安妮特·克雷盖尔（Annette Krygiel）

和生物系统一样，定义“系统”的标准是它们能做什么，而不是它们是什么。“数据库问题”其实根本不是数据库的问题。事实上，问题在于应当建立一个由人员和信息技术系统组成的新系统，可让分析人员在海量数据中找到新型情报，还可让他们提供战略预警。新系统将由人和计算机组成，而计算机及其包含的数据库将成为有力工具，让分析人员可以变得更加聪明。

“数据库问题”的难题在于，首先应当意识到至少存在四种不同的数据库。每一种都对应着研究人员已经在假设检验中使用的某种数据集（数据存储库、数据集合、证据文件，以及评估大纲），并且每种都有不同的格式和用法。关键在于必须认清数据库及其包含数据集之间的区别。在对大规模杀伤性武器项目进行多维分析后，从分析项目中吸取的经验教训可以显示，同样的“沙中之金”般的数据可以存在于每个数据库所包含的每个数据集之中。然而，它们的分析价值和附加价值却各不相同，具体情况取决于这些“沙中之金”是从哪里找到的。

八、找到正确的工具：我们需要什么样的新计算工具

尽管各种数据库和数据库工具已问世多年，但战略分析和多维分析仍然面临一项重大阻碍，即当前的信息技术系统并不是为假设检验而建立的，主要是因为如果人们使用“系统”一词，那么根据当下范式，人们立

[1] Annette J. Krygiel, *Behind the Wizard's Curtain: An Integration Environment for a System of Systems* (Washington D.C., National Defense University, 1999), 32.

即想到的会是“信息技术系统”，而不是“人类系统或信息技术系统”，它并没有涵盖完成战略评估这项分析任务时，所需要的多种人机交互和机人交互。

数据挖掘不是：

- 特定的软件产品或数学程序。
- 只服务于统计学家。
- 一站式的：
    - 验证模型完整性所需的人类干预——“这有意义吗？”
    - 旨在找出优质模型的多次迭代。
- “尚方宝剑”：
    - 数据本身不是信息，也不提供信息[1]。

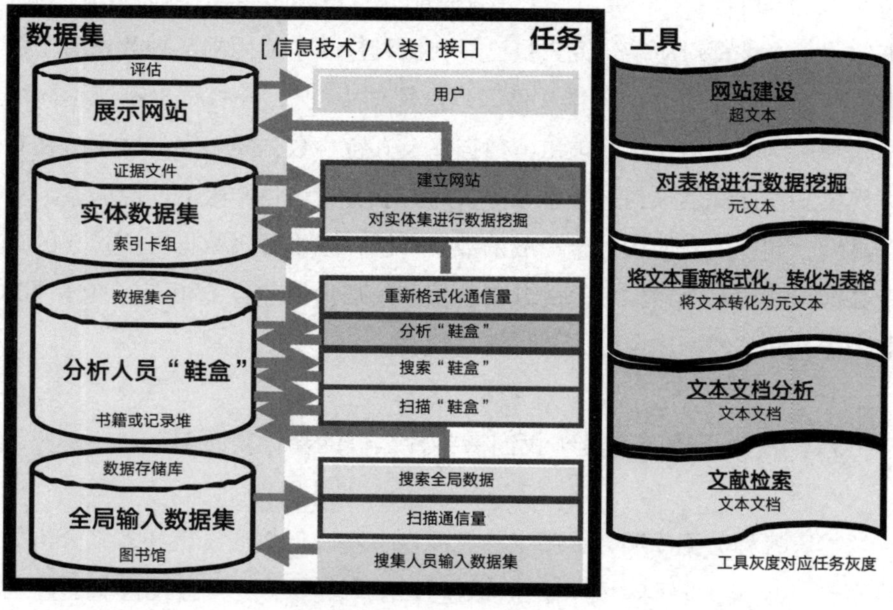

图10-2

[1] Dean W. Abbott, *Abbott Consulting, Data Mining: Level II*, Class Handout, 2001.

我们可以跟踪全源分析人员在使用假设检验循环将数据转换成评估时所采取的那些步骤，以此说明当前情报界数据处理系统中存在的困难。在每个数据库步骤中，都有数据输入、处理和输出等子步骤，输入就是将特定的数据集存入这个数据库之中，处理就是数据库工具执行分析人员指定的特定任务，而输出就是将新处理的数据展示给分析人员。在每个输出步骤中，分析人员执行上述假设检验中的研究任务，并将处理后的数据输入下一个数据库当中，具体做法与自己以前使用图书馆、书籍和索引卡文件等的方式大致相同。（分析人员已经使用 MS Word 和 PowerPoint 作为数据处理工具，完成了多个多维分析项目，因为当前的情报界信息技术系统在执行多维分析时差强人意，主要原因是信息技术与人类的交互以及数据在不同类型数据库之间的移动等方面存在限制。）

将数据输入分析流程之中，需要通过全局数据库加以实现。这些数据库便是美国情报界的各个图书馆：来自国家安全局的信号情报、来自中央情报局的人力情报、来自外国广播信息处的开源情报，以及来自国家成像与测绘局的图像情报数据摘要。这些数据是各个搜集机构发布的信息，载入时使用标准文本格式，并带有一些用于识别的元标记（但不用于分析）。

（一）全局数据库

全局数据库（图书馆）＝已发布记录的文本存储。

输入＝美国中央情报局、国家安全局、联邦调查局、国家成像与测绘局的搜集人员提供的已发布记录（文本，非图像）。

处理＝根据分析人员编写的概要来过滤数据库。

输出＝将过滤后的记录展示给分析人员。

下一步，分析人员可以按照处理图书馆中书籍的方法，扫描全局数据库提供的记录，并判定这些记录是否与任务相关。

接下来，分析人员可以检索具有相关性的记录，并将它们改存于下一个文本存储当中。在过去，每个分析人员都有一个“鞋盒”，里面装着所有与任务相关的文档，它们格式多样，有书籍、文章，以及情报报告的纸质副本等。假设检验的基础是根据关于假设的假定，进行关键实验；在研究人员对备选假设进行检验、放弃和重新考虑之后，便需要有个地方来存储和调出这些实验结果，也就是"实验室笔记本"。因为全源分析人员分析的是其他人员所做的实验，即搜集人员输入的数据，所以这个"鞋盒"就是分析人员记录相关文档以备将来参考的笔记本。该"鞋盒"具有极高的附加价值，因为分析人员已经阅读了文档，并评估认为文档中所包含的材料，与自己需要进行的评估是相关的。（大多数情报界分析人员仍然倾向于使用纸质副本或 MS Word 的电子"鞋盒"，主要原因之一是当前没有任何一种信息技术系统能以任何一种合理的方法，从异构数据中创建电子"鞋盒"。这种数据库目前没有可用的格式；已指定美国国防情报局"联合情报虚拟架构"（JIVA）中的 Pathfinder 专为此目的服务，但分析人员在对相关记录进行数据输入时，可用选项仍然过于繁复，没有任何用处。对于任何用于开展假设检验或多维分析的信息技术系统来说，主要目标就是有能力快速轻松地创建电子"鞋盒"。）

（二）数据集合

数据集合和"鞋盒"数据库＝与任务相关的记录的文本存储。

输入＝（1）分析人员初步输入的相关记录。

（2）分析人员直接查询或设置数据挖掘工具，以此反馈输入。

处理＝文本数据挖掘（比如 Pathfinder 文本挖掘分析工具）。

输出＝将过滤或数据挖掘后的记录展示给全源分析人员。

分析人员读取来自"鞋盒"数据库中的已展示记录，然后进行：

- 分析：分析人员借助查询或"鞋盒"数据库文本数据挖掘工具等手段，评估从"鞋盒"数据库中调出的数据。
- 重新格式化：分析人员将重要记录重新格式化为元文本，以便输入实体数据库当中。它们可用于构建设施、组织和项目概要，以及人员简历。

数据准备是最难描述的。[1]

（三）实体数据库

实体数据库（证据文件）＝已过滤或分析记录的元文本存储。

输入＝1. 分析人员输入元文本记录：

（1）该输入由分析人员从“鞋盒”数据库重新格式化而来；

（2）它是已做元标记的数据库（比如在线生物医学数据库 PubMed）提供的输入。

2. 分析人员反馈，以调整视觉或网络展示。

处理＝1. 元文本数据挖掘（使用可以处理表格数据的数据挖掘工具）。

2. 多维分析的图表展示（比如上文提到的分析人员的笔记本）。

输出＝展示：

1. 数据挖掘的文本或可视化展示。

2. 多维分析的图表展示（附有超链接，可以指向数据集合式数据库，以便查找带有高亮标记的原始报告）。

分析人员在实体数据库中查看已经展示的图像、网络和其他内容，并且进行：

- 分析：分析人员评估数据输出，它们来自：

  1. 元文本数据挖掘工具；

  2. 多维分析的图表展示；

  3. 直接对“鞋盒”中文档进行的链路分析。

- 证据编组：分析人员使用地图、时间线和组织结构图，建立多维分析模型，并建立超文本文档，以输入到展示数据库。

注意，因为此时是在进行全源分析，所以在理想情况下，美国国家安全局、国家成像与测绘局和外国广播信息处的分析人员，不应当进行这种层面的分析；然而，由于当前的协作工具并不合适，分析人员必须

[1] Dean W. Abbott, Abbott Consulting, *Data Mining: Level II*, Class Handout, 2001.

如此行事，才能够正确地执行信号情报、图像情报或开源情报等搜集任务。

实体数据库有可能在未来被证明是最有价值的分析数据库，但目前在情报界的全部信息技术工具中，却构成一个巨大的缺口。共享实体数据库相当于共享的电子版索引卡组。想象一下，如果有位历史学家正在编写一本关于美国内战的新书，而他并没有前往图书馆查找资料，那他可以访问布鲁斯·卡顿[1]和其他十几位内战历史学家的电子版索引卡组式的笔记，然后查阅每张卡片上的原始参考文献信息，用这种方法完成书籍撰写。这种做法的附加价值极大，不仅可以追踪卡顿在其书中支持的假设，还可以检验他曾经想到或放弃的假设（保留卡片以备将来参考），以及检验他在书中提及的线性线索所没有涵盖的全新假设。然而，因为卡顿的索引卡组实际上可能是一大堆文件和手写记录的副本，而且带有高亮标记，所以要将这些文件转化为电子格式，成本极其巨大。情报界有许多接近退休年龄的资深分析人员，他们就是情报界的“布鲁斯·卡顿”。如果要基于情报界所有即将退休分析人员的“鞋盒”，去建立一个实体数据库，肯定需要一笔巨大的费用；但如果不这样做，这些分析人员在使用自己的“鞋盒”作为数据库，去进行假设检验时所积累的所有知识都将遗失殆尽。可能出现的情况是，一位“馆长”可能需要几个月的时间，才能将一位即将退休分析人员的“鞋盒”，转录成一个新的电子“鞋盒”数据库和实体数据库。然而，鉴于提供瞄准的分析人员有多聪明，“智能”炸弹就有多“智能”，那么如果将每个分析人员的“鞋盒”重新格式化的成本约为75000美元，只需考虑提升下一代分析人员的分析能力，就足以将所有智能炸弹的“打偏”变成“命中”，从而把这笔钱节省下来。

（四）展示数据库

展示数据库＝已分析记录的超文本存储。

输入＝分析人员输入以下内容：

[1] 布鲁斯·卡顿（Bruce Catton），美国著名作家和历史学家。——译注

（1）超文本的地图、时间线和组织结构图（包含指向实体数据库“索引卡”的链路，以及数据集合式数据库中带有高亮标记的报告）；

（2）相关的设施、组织和项目概要，以及人员简历。

处理＝供人在情报环上进行查询的网站设置（比如雅典娜大规模杀伤性武器［Athena WMD］网站）。

输出＝以简报或展示数据库中的网站等形式，向决策者和战斗人员展示。

在 21 世纪，情报界的分析人员和资源管理人员面临的挑战是，必须有能力开发可以支持假设检验和多维分析的信息技术工具，必须让这个多维的多机构流程可以在协作环境下开展工作。

第 11 章
对我们自己建模

我们如何重新定位情报流程，以便分析人员能够进行战略思考？打造信息时代预警分析的第三步，就是在情报界“重新定位箭头”——信息流和领导者交互的箭头，从而提供基于信息时代思维的机制，以便尽可能接近网络。要想做到这一点，关键在于为分析人员赋能，使之有能力基于超文字（hyperword），形成新的定位。[1]

一、从向外聚焦到向内聚焦

知识窗

- 前面讨论的假定是，存在同时与外部环境和内部环境的交互。接下来的假定（不必考虑这么做的原因或所处的环境组合）是，我们设计出一种指挥和控制系统，它可以阻碍与外部环境的交互。这意味着将会向内聚焦，而不是向外聚焦。
- 从这个观点出发，我们观察到达尔文指出：

[1] HTML 的问世，以及它可将相关观点和故事线索变成超链接的能力，开始改变我们的书写方式。笔者将把这种超越了印刷文字的新的书写方法称为“超文字”。

  - 环境才有权选择。
  - 如果谁有能力与环境突变开展交互并作出适应，环境就会选择让谁胜出；如果谁没有能力，环境就会选择让谁出局。
- 此外，根据哥德尔证明、海森堡测不准原理和热力学第二定律：
  - 一个人不能在系统中确定系统自身的特征或性质。
  - 如果他试图这样做，将会导致混乱和无序。原因何在？因为在“现实世界”中，环境是会侵入的（笔者观点）。
- 接下来，我们将达尔文、第二定律、海森堡和哥德尔等观点应用在克劳塞维茨的理论中，就会发现：

> 谁能生成多个非合作重心，谁就会放大阻力。原因何在？因为在一个系统里，如果存在多个非合作重心，就会限制系统与其周围环境的交互和适应，从而导致向内（即在自身内部）聚焦，反过来又会产生混乱和无序，从而阻碍剧烈运动或定向运动，因此放大了阻力或熵。[1]

二、对我们自己建模

即使有了信息时代的方法对敌人建模，也有了相应工具运行这些模型，我们仍然不能在真正意义上把所有部分拼在一起，除非我们已经建立了一个组织，能以彼此一致的方式将这些方法和工具一体化。但是要怎么做呢？再次重申，博伊德上校已经解释过他公开表达的内容，以及隐含暗示的意思。他提出的敌人模型表明，我们的目标应该是在敌人身上“生成多个非合作重心”，这样就可以培养我们在敌人的 OODA 循环中进行思考的能力。这里隐含的意思是，我们必须有能力在自己的组织内部生成许多合作的重心。因此，我们不仅需要向外聚焦，以创建更好

[1] Col John R. Boyd, *A Discourse on Winning and Losing*, Collection of un-numbered briefing slides, August 1987.

的方法去认识敌人，而且需要向内聚焦，以了解自己，从而打造出一个更加优秀的情报界。

随着组织不断进化，从松散的联盟发展成一体化的“系统组成的系统”，这个组织的各个组成部分也重新定义了自己的角色——从以并行的方式运行，发展成以一体化团队的方式运行。信息时代对高质量情报和预警分析的需求越来越大，要求情报界对其下属机构的角色进行明确的重新定位，以充分利用其最稀缺的资产，也就是分析人员。

> ……人们可能没有充分思考，有时甚至根本没有思考这些备选假设，而且也没有人开展系统性的工作，去确保某个团队确实仔细研究了所有证据，并详尽地思考了各种备选解释。
>
> 对此，有一个原因是我们在前文强调过的，即在危机中或危机萌芽状态下，很可能会有压倒性的海量信息，仅是扫描和初步处理这些信息，就会占用分析人员绝大部分时间。不论哪种信息处理方式，都没有足够的资源予以实施，遑论投入大量时间开展评估，将每一条信息与多个备选假设逐一对比。[1]

小孩子踢足球时，通常会“一拥而上”，几乎所有人都会挤在一起，试图抢到足球，只有守门员和如同迷路般跑到角落摘花玩草的家伙才会出现在其他地方。在情报界进入信息时代之后，数据高速涌入，情报界似乎也开始不停地“一拥而上”。情报界的规模足以应对一个国家发生的一场危机。没出现明显危机时，这些资产会分散到各地并保持一定水平，足以应对动态情报的节奏，或许还会发出一点儿预警。当危机来临时，大部分资产就会投入危机当中，并造成两种情况：一是关于危机地区的预警情报几乎完全没有提供，因此这个团队试图加紧弥补原本应当针对这个地区持

[1] Cynthia M. Grabo, *Anticipating Surprise: Analysis for Strategic Warning*, ed. Jan Goldman (Washington DC: Joint Military Intelligence College's Center for Strategic Intelligence Research, 2002), 49.

续发布的预警；二是危机之外的所有地方全都人手不足，因此只能提供部分动态情报，完全没有预警。如果危机出现在一个新的地区，循环就会在这里重复，但预警和背景资料会少于上一次危机时的情况，因为在这个新的危机地区，以正常方式补充的分析人员的数量将会减少，因为他们已被投入旧的危机地区去了。在情报界从一个危机转向另一个危机之后，其发布预警的能力也会变得越来越弱。但是，如果我们想要提供战略预警，就必须设法克服这一弱点。

此外，分析人员几乎没有时间去分析关于战争或恐怖袭击以外其他威胁的信息。经济、技术或政治基础等构成的威胁仍未得到评估。我们已经知道，应当了解敌人的基础设施，包括后勤、政治和技术等情况，因为战略分析需要整合这方面的信息。

在作出预警判断之前，应当对所有可用信息进行最为细致和详尽的审查，这种做法的重要性无论怎样强调皆不为过。有人认为所有研究都会在危机当中或危机初现时自动完成，或是认为相关机构对工作的组织和分配必然足以达成目的，但这种观点是错误的……对可用证据的审查不够充分，几乎是所有预警失误的原因之一，而且在某些情况下，这应当被视为主要原因。[1]

战略预警必须是主动的，以主动方式建立、检验、放弃和重建假设。战略分析的最终目的是有能力尽早提供具有可操作性的指导，以便改变态势，使之无法演变成危机。

需要组建“危机行动小组”这一事实本身，便可作为相应指标，表明战略预警失败。因为如果事先有关于“危机”迫在眉睫的征候，那么显然说明早在危机爆发之前便需要这样一个团队。

---

[1] Cynthia M. Grabo, *Anticipating Surprise: Analysis for Strategic Warning*, ed. Jan Goldman (Washington DC: Joint Military Intelligence College's Center for Strategic Intelligence Research, 2002), 163.

作为一名曾经的潜艇兵，笔者必须要说的是，真正能够表明战略预警和威慑正在如常运行的指标甚至可以更进一步……最能表明情报界提供了令人满意的战略预警的指标就是“无事发生”。每个潜艇兵都知道，潜艇兵上新闻或荣登 CNN 的唯一方式就是任务失败。在和平时期，潜艇是不可见的，除非撞船或搁浅。即使在战时，潜艇作战的成功也都是主动为之，因为它已在敌后，此时只有结果才是重要的。事实上，每个潜艇兵（尤其是那些负责核武器的潜艇兵）都心知肚明，战争开始这个事实本身，其实就意味着自己的首要任务阻止战争，已经失败了。

同理，笔者认为，在大规模杀伤性武器和恐怖主义的时代，情报界的标准做法必须是提供战略预警，这样才会“无事发生”。从情报界的角度来看：

- 唯一可以接受的大规模杀伤性武器袭击就是永远不会发生的袭击。
- 唯一可以接受的大规模杀伤性武器就是从未制造出来的武器。
- 唯一可以接受的恐怖袭击就是永远不会发生的袭击。
- 唯一可以接受的恐怖分子大规模杀伤性武器项目就是从未建立过的项目。

只有当资产和时间极多，足以用来在六维中建立关于敌人的多维分析模型，并使用这个模型去生成具有可操作性的情报时，多维分析才能提供战略预警工具。

有可能在检查了所有可用的信息之后，仍然无法理解它们在了解意图方面是否重要……一些具有相关性的信息可能来自高度机密的来源，比如秘密获得的军事文件，因此在分发方面受到极大的限制。一些动向很可能是高度技术性的，因此几乎没人可以理解，但必须对其作出解读，并与其他信息整合在一起，这样才能了解到底发生了什么事……在预警工作中，情报界不但在所有军事问题上都需要专家援助，在政治问题上也是如此，只是程度略逊，而且这种需求将如火箭一般激增。[1]

更糟糕的是，如果数据不在这个分析人员的专业领域内，那么即使是搜集到的数据和建立好的六维模型，可能都是无法解读的。因此，要想真正发挥作用，多维分析必须由分析团队来完成。

“系统组成的系统”是不同系统组成的集合，这些系统彼此关联或相关的程度极高，因此可以发挥出这些系统单独作用时无法发挥的独特功能。[2]

合作便是答案，但我们如何才能在情报界建立合作？

信息时代的分析还面临另一项主要阻碍，即分析方法和组织与信息技术工具是不匹配的。一直以来，最普遍的故障模式就是将下一代的情报工具，引入仍然使用动态情报方法的当前组织之中。这种做法是将新技术以“路过”般顺手倾倒的方式提供给分析人员，并没有考虑技术将以怎样的方式与分析方法和组织进行交互，所以会让分析人员和管理人员都感到沮丧，前者是因为如今自己虽然拥有应当使用的“新”工具，但它不起作用，而后者是因为自己投资了这些新工具，却无法卖给自己的下属。以下是阐述此类管理不善的简单示例：

- **购买市场有售的程序中那些“万能钥匙”式的商业应用，然后执行这些应用，不必考虑它们在情报界的具体应用情况**。例如，在 MS Word 中，分析人员会键入大写的“(C)”来表示此为机密段落，此时计算机却会将大写“(C)”改为小写“(c)”，但后者是表示版权

[1] Cynthia M. Grabo, *Anticipating Surprise: Analysis for Strategic Warning*, ed. Jan Goldman (Washington DC: Joint Military Intelligence College's Center for Strategic Intelligence Research, 2002), 164.

[2] Annette J. Krygiel, *Behind the Wizard's Curtain: An Integration Environment for a System of Systems* (Washington D.C., National Defense University, 1999), 33.

所有的意思；分析人员在该段末尾点击“回车”键时，计算机也可能会加上一个大写“(D)”，为原本应该在下一段继续的“大纲”“提供帮助”。[1] 在入驻分析人员的电脑桌面之前，几乎没有哪个程序是已经量身定制好了，可以满足该名分析人员需求的。

- **没有考虑过将某个专有软件整合到某个系统当中**。分析人员无法理解，为什么有计算机技术可以通过机场的电视来识别恐怖分子，但自己使用的计算机系统却需要多达 14 组各不相同的密码才能开始工作。为什么运行系统时，不能做到一个分析人员只需一组密码？
- **没有考虑过与系统中的软件进行交互**。目前在美国国防情报局，“全局数据库”是 WebSafe，分析人员可用于处理“鞋盒”的最佳工具是 Pathfinder；然而，在 WebSafe 中识别出“相关”的项以后，再将其传输到 Pathfinder 以便开展一步分析时，唯一方法就是分析人员将每则信息以电子邮件的方式发送给自己，然后自己编写宏工具，将它们输入 Pathfinder 里。国防情报局的“检索”工具与“分析”工具之间没有易于使用的接口，因此几乎没有分析人员会使用 Pathfinder，但管理链也没有要求这两个彼此独立的承包商将各自的工具相互接通。

除非新的方法论已经就位，并且已对组织进行重新定位，可以使用这些方法论，否则工具开发对于分析人员来说毫无用处；正如对于拥有数百张唱片和磁带的音乐爱好者来说，新的 DVD 播放机也是毫无用处的。音乐爱好者不在乎格式是什么，只要能听音乐就行。分析人员也不在乎格式是什么，只要能调出并阅读“鞋盒”里的相关文档就行。然而，要想运行这样一个系统，就需要分析组织与支持它的信息技术组织和承包商之间开展合作。

---

[1] 大写 C 为 Confidential 的简写，意为“机密”；小写 c 为 copyright 的简写，意为“版权所有”；大写 D 为 Descriptor 的简写，意为“描述符”。——译注

数字生产系统是美国国防测绘局开发了 10 年之久的项目，旨在为测绘、制图和大地测量产品的生产活动，提供端到端的数字处理管道……对于“数字生产系统”的项目管理来说，直到情报行动中心的整合活动开始之后，才能完全实现必要程度的资源和专业知识，也才能将一组彼此独立的系统打造成“系统组成的系统”……“我们大致了解需要多少人，事实上已经为他们编写了程序，但并不知道人们必须吸取和理解的信息的具体数量。”[1]

再次重申，合作便是答案，但我们如何才能在情报界建立合作？

三、定位比决策更加重要

知识窗

评论

到此刻为止，我们已经阐述了定位正是指挥和控制中的一项关键元素，这意味着如果没有定位，就没有名副其实的指挥和控制。

但是，简言之，上述评论以及我们迄今为止讨论的其他情况，到底介绍了关于指挥和控制的哪些情况？

知识窗

- “观察—定位—决策—行动”的流程，展示的正是指挥和控制流程中发生的情况，这意味着“观察—定位—决策—行动”循环可被认为是指挥和控制循环。
- 定位是我们基因遗传、文化传统和先前经验的宝库，也是“观察—定位—决策—行动”循环中最重要的部分，因为它可以左右我们观察、决策和行动的方式。

[1] Annette J. Krygiel, *Behind the Wizard's Curtain: An Integration Environment for a System of Systems* (Washington D.C., National Defense University, 1999), 111.

推论

■ 在敌人的“观察—定位—决策—行动”循环中运行，与在敌人的指挥和控制循环中运动是一样的。[1]

笔者建议，我们可以根据博伊德上校的评估意见去建立信息时代的组织，但必须谨记，博伊德上校是在对军队建模，但军队只是国家这个组织的组成部分之一。我们应当考虑到，从军队角度来看是战略决策的东西，从国家角度来看就是战术决策。因此，人们必须认识到，国家的OODA循环，是凌驾于军队的组织和决策之上的，并且包含文官的组织和决策。在国家的OODA循环中，情报界负责情报半环（观察和定位），而情报界的用户负责运行半环（决策和行动）。

因此，要想在信息时代构建国家的OODA循环，我们需要谨记：

- 在国家的OODA循环中，情报半环（观察和定位）由情报界负责。
- 情报界斥资数十亿美元，用于研究和改进循环中的“观察—定位”部分，但几乎所有资金都流入了“观察”之中，也就是新的搜集方法，以及存储所搜集数据的新的数据库。
- 会有“海量数据”涌入情报界的各个数据库，但只有同样的工业时代知识才可以从这些数据库流出。

因此得出：

- 在国家的OODA循环中，被打破的正是定位步骤。
- 博伊德上校曾经指出：“定位这个存储库里有我们对世界作出的共同假设和模型，也是OODA循环中最重要的部分，因为它可以左右我们观察、决策和行动的方式。”

[1] Col John R. Boyd, *A Discourse on Winning and Losing*, Collection of un-numbered briefing slides, August 1987.

- 要想做到“定位箭头”，而不仅仅是连接各点，唯一方法是重新定位情报界各机构的交互方式，以实现循环中的定位——根据这些数据库去构建假设、理论和知识。

四、努力将情报界定位成团队

定位就是分析。战略分析可以定位国家这个组织，让它不但可以为当前的 OODA 循环制订计划，还可以提供新的见解，以便能够提前规划两个 OODA 循环，即后勤循环和下一个运行循环。

战略分析需要方法、工具和组织。为了建立信息技术情报，美国国防情报局和情报界进行过各种成功或失败的尝试，笔者曾经参与这些尝试，并根据自己的工作体会强调指出，方法、工具和组织相互依赖，从而导致了一个恶性循环，几乎破坏了将情报分析推向信息时代的所有努力。新的分析方法需要新的计算机工具，需要新的组织交互关系，而这又需要新的分析方法……

要想让多维分析成为现实（前文有述，并附有案例研究），其中只有一项最重要的见解，即认识到如果所涉及的分析人员希望（或获准）投入时间，通过重新定位的方式去建立新的方法，那就可以使用当前的工具和组织去实现这种新的方法。在这里，重新定位指的是：从搜集驱动的分析，到使用多维分析的假设驱动的分析；从软件驱动的工具使用，到方法论驱动的工具使用；从组织驱动的团队合作，到假设驱动的团队合作。

五、从搜集驱动的分析，到假设驱动的分析

打造信息时代预警分析的第一步就是方法论，即对敌人建模。多维分析便是朝着这个方向迈出的第一步。

六、从软件驱动的工具使用，到方法论驱动的工具使用

打造信息时代预警分析的第二步就是开发工具，即对我们的建模方法建模。只要给定一种方法论，人们便可以制造工具来支持它。令人惊讶的是，目前几乎任何计算机上的可用工具，比如 MS Word 和 PowerPoint 等，都可以支持假设检验和多维分析，只要相关的分析人员知道自己想要做什么即可。虽然大多数信息技术专家都不认为这两种工具是“最先进技术”，但与牛顿数据管理工具（纸笔以及真正的纸质索引卡）相比，MS Word 和 PowerPoint 简直就是令人咋舌的工具。假设检验需要建立“鞋盒”和“索引卡组”，而它们只取决于人们是否有能力进行剪切粘贴和超链接等操作。多维分析需要绘制图表（地图、时间线和组织结构图），而它们只取决于人们是否有能力进行剪切粘贴、绘制动态结构图，以及为导入地图做注释等操作。因此，使用当前的工具进行多维分析和假设检验的做法是可行的。当然，在方法论驱动的工具变得可用之后，这种做法会变得更加容易，但我们并不需要等到那时才开始这个流程。

前线搜集人员选择向总部发送或不发送某些信息片段，就是在作出判断。动态情报分析人员决定写下或不写下某条特定信息，也是在对它作出判断。这位分析人员编纂此条信息的方式，以及他强调信息中各个方面的做法，则构成了另外一种判断。他的直接上级选择将哪些内容写入简报，向其所属机构或部门的高级官员汇报，就是另一种判断的结果。[1]

七、从组织驱动的团队合作，到假设驱动的团队合作

打造信息时代预警分析的第三步是在情报界“重新定位箭头”，即对

[1] Cynthia M. Grabo, *Anticipating Surprise: Analysis for Strategic Warning*, ed. Jan Goldman (Washington DC: Joint Military Intelligence College's Center for Strategic Intelligence Research, 2002), 133.

我们自己建模。整个情报界开展了两个生物武器分析项目，相关经验教训说明情报界的各个组织需要怎样重新定位（但不一定非要重组），才能在整个情报界范围内实施多维分析，从而防止博伊德上校预见的“混乱和无序”出现。今天的情报界是搜集驱动的；搜集人员提供原始数据，由分析人员（来自美国中央情报局行动处、国家安全局、外国广播信息处和国家成像与测绘局）分析，这些数据作为情报报告进入系统。接下来，整个情报界将逐一对每个报告存储库（每个机构自己的“全局数据库”）进行开发利用。从本质上讲，这些搜集机构（美国中央情报局行动处、国家安全局、外国广播信息处和国家成像与测绘局）执行国家 OODA 循环中的观察步骤，情报界的用户执行决策步骤，但定位步骤要由情报界的每个人，也就是从搜集人员到分析人员再到决策者，以独立方式并用尽一切手段予以完成。

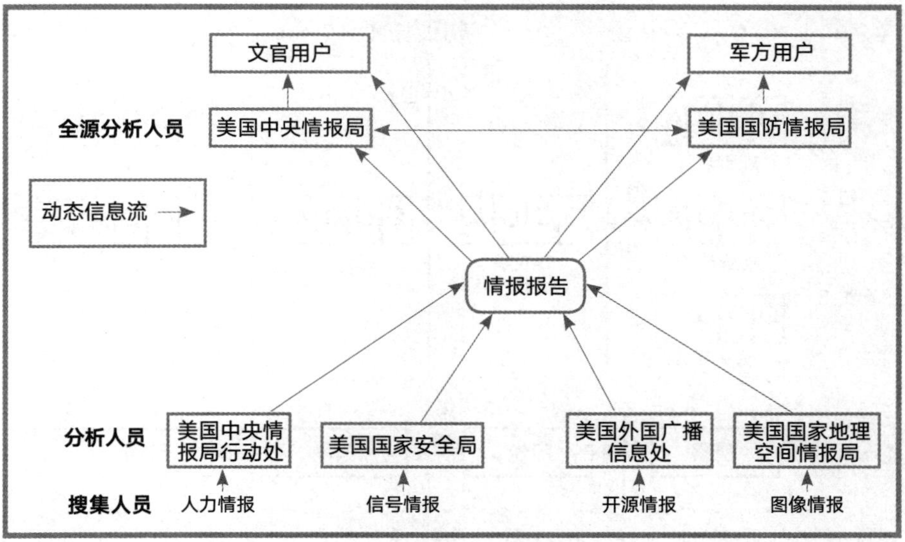

图11-1

> 为什么定位——OODA 循环中最重要的一步——却是获得支持最少的一步？

八、下一次军事事务革命将是定位革命

重新审查OODA循环的做法表明，当前这种国家循环是建立在牛顿思维的基础上的。牛顿范式这场革命发生在物理科学之中，即发生在我们对物理世界建模和认识的方式上。由此可知，工业时代彻底改变了我们观察和测量物理世界的方式，以及我们控制物理世界的方式，前一种方式是从望远镜和显微镜开始，发展到它们的直系后代，比如卫星相机和信号截获接收器，而后一种方式是从推动船只前进和轧棉机进行批量生产的蒸汽机开始，发展到它们的直系后代，比如批量生产的巡航导弹和智能炸弹。

牛顿革命推动OODA循环中的观察和行动步骤成为现实。因此，目前人们预测认为，下一代军事发展的基础是，借助传感器技术实现的观察，以及借助更加先进的投放装置实现的行动等步骤都得到极大的改善。作出这种预测的基础正是牛顿思维。

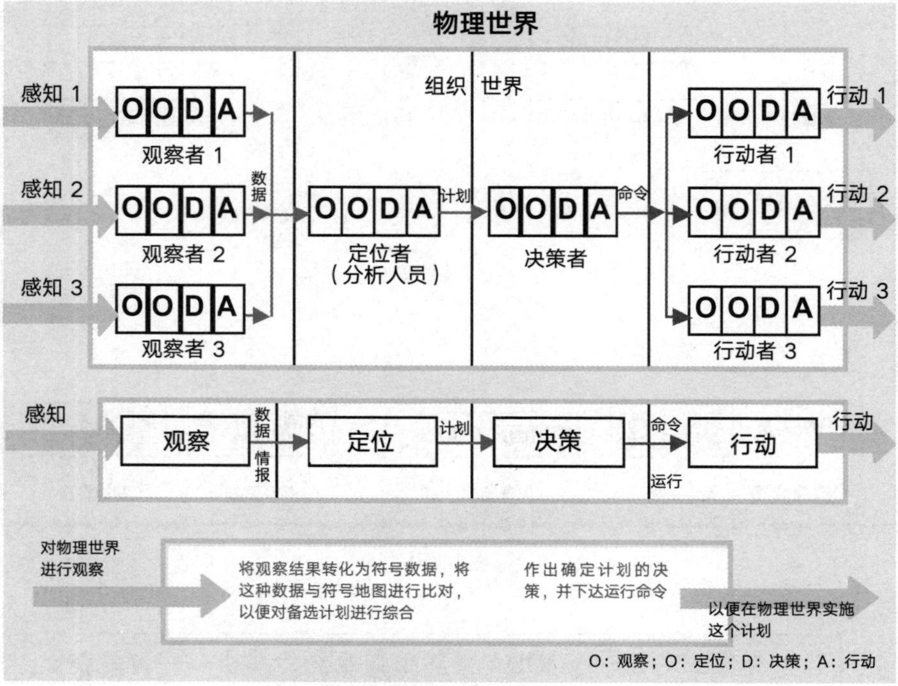

图11-2

关于陆上战争思维，从农业时代思维到工业时代思维的主要范式转移发生在美国内战期间。在战争初期，在李（Lee）与汉考克（Hancock）和米德（Meade）交战时，李之所以能够获胜，正是因为这两位对手的农业时代思维。尤利西斯·格兰特（Ulysses Grant）将陆战带入工业时代，他运用基于铁路、轮船和电报的机动手段，加上基于征召公民军队使用批量生产的火器时制造的"震慑与恐吓"。虽然当前的武器速度更快，威力更大，射程更远，但它们的使用原则与格兰特的战略并没有太大的不同。比如，谢尔曼（Sherman）"向大海进军"[1]的原因与拉姆斯菲尔德（Rumsfeld）向巴格达进军的原因大致相同，内战中进攻彼得斯堡火山口（在南方军阵地下的地道里放置炸药）时与对萨达姆·侯赛因军队掩体发动精确打击时，两次使用"精确"弹药的理念也是大致相同的。工业时代战争具有持续性，主要是因为国家的 OODA 循环中定位和决策步骤并没有发生变化。在今天的五角大楼，关于定位步骤使用情报报告的情况，与内战时在格兰特帐篷里没有太大的不同；因此，人们不应指望今天的决策会比格兰特的决策更加复杂或更有针对性。

在国家的 OODA 循环中，定位和决策等步骤没有发生改变，因为它们发生在组织世界，而不是物理世界。正因如此，它们要想有所改善，需要的是量子思维，而不是牛顿思维。

人们普遍认为，军事事务革命与技术进步是交织在一起的。然而，当前的军事事务革命似乎有所不同，特别是自从美国的格兰特将陆上战争带入工业时代以后，所有那些改变我们观察和行动能力的军事事务革命，看起来似乎都与传感器和（或）武器有关，此时人们反思这种趋势，更会觉得有所不同。笔者认为，当前的革命是一种完全不同的革命，它更类似书写文字和印刷文字问世时所带来的革命。我们不应该期望这场革命改变我们观察和行动的方式，而是应当期待它改变我们定位和决策的方式。

---

[1] 向大海进军战役，又称萨凡纳战役。美国内战后期，北方将领威廉·特库姆塞·谢尔曼（William Tecumseh Sherman）率领联邦军发动战略性进攻行动，深入南方腹地，给南方邦联军造成沉重打击。——译注

情报界的建立基础是通信，人们可以将技术发展后产生的习俗革命（customary revolution）与通信发展后产生的另一种革命相提并论，前一种革命改变了 OODA 循环中的观察和行动步骤，而后一种革命改变了定位和决策步骤。人类进化出的组织方法是使用语言，语言又是从口述文字开始的。一个以口述文字为基础的社会可以建立部落规模的组织，因为只要国王或酋长等决策者能够发话，又或者他的手下可以复述自己记住的命令，这位决策者就可以发号施令；另外，只要他的手下可以喊话，或是可以复述自己记住的观察结果，这位决策者就可以进行观察。

定位是我们基因遗传、文化传统和先前经验的宝库，也是“观察—定位—决策—行动”循环中最重要的部分，因为它可以左右我们观察、决策和行动的方式。[1]

但是，只有当定位者能够将自己记忆中的经验，比如最好的狩猎场地在哪里，人们如何通过星星或一天的长短来判断何时南下过冬，甚至如何判断哪条路可以南下等经验，全都传授给下一代时，这个部落才会繁荣发展。社会开始出现两种类型的领导者：一种是负责组织决策的战士，也就是“强者”，另一种是负责组织定位方向的导师，也就是“智者”。火、工具、驯养动物和农作物种植等方面的进步，可以提高人们对物理世界的控制能力，也可以增强强者的权力。社会的规模将会变得越来越大，但仍然受限于口述文字的传统；文化传统或组织世界的模式也受限于人们能够记忆的东西——来往于部落领地边界的信使可以传递这些记忆，智者及其门徒也可以将记忆传给下一代。

书写文字（再次重申，这是一项技术进步）发明后，部落就可以成为帝国，巴比伦人、埃及人、罗马人等就是这样做到的。强者可以接收在帝国偏远地区书写的观察结果，并以皇家法令的形式向帝国边境地区发送命令。然

[1] Col John R. Boyd, *A Discourse on Winning and Losing*, Collection of un-numbered briefing slides, August 1987.

而，书写文字却将智者的权力分散给牧师和教师这个阶级，他们可以将组织的定位情况保存为寺庙和图书馆中的书写文本。但帝国可以继续繁荣下去，因为社会可以通过书写文字，一代代地进行记忆，以及定位。

印刷文字发明后，强者的角色并没有发生太大的改变，但智者的权力却受到明显的影响。在古腾堡建造印刷机项目的资金支持者中就有一位红衣主教，他相信每个人都阅读完全一样的圣经时，教皇的权力就会增强。但事实刚好相反，智者的权力将被分散到下一个阶级（资产阶级），以及三种不同类型的智者手中。这些智者是社会的定位者，共分三种：第一种是马丁·路德（Martin Luther）和加尔文（Calvin）等神职人员，他们可以印刷自己版本的圣经，开启了新教革命；第二种是牛顿和莱布尼茨（Leibnitz）等科学家，他们编写出所有人都能读的书籍，以此交流观点，开启了一场科学革命；第三种是托马斯·潘恩（Thomas Paine）和约翰·亚当斯（John Adams）等政治活动家，他们可以印刷小册子和报纸，以此传播新思想。正是这种定位革命提供了一种新的文化传统，这种传统会因印刷文字而被共享，从而为即将到来的工业时代奠定基础。

笔者认为，电子通信的发明和由此产生的超文字的发展，预示着一场新的革命即将开始，这场革命的规模极大，与口述文字、书写文字和印刷文字所带来的那次革命不相上下。正如人们在革命中看到的那样，笔者预计这场革命的核心将会集中在定位上，也就是我们将如何以超文字为基础，建立一种新的共享文化传统。

因此，要想改进至关重要的定位步骤，关键在于重新定位当前的组织。根据之前的定位革命判断，笔者预计超文字带来的结果是将权力赋予智者而非强者，以及将这种权力分散并下放至再下一个阶级。简言之，笔者认为信息时代的关键就是将权力赋予分析人员，具体做法是：将其与证据关联或联网以检验假设；与其他分析人员关联或联网，便于以合作的方式去检验假设；与搜集人员关联或联网以带去新数据，以支持或否定这些假设；与用户关联或联网，以提供战略和战术预警。

九、将权力赋予分析人员

如前所述，在当前的情报界，信息流是以流线方式从搜集人员流向用户，从观察者流向决策者的。它具有阶层结构，这种性质正是人们认为在冷战这种不变的环境下，一个组织应有的样子，因为在冷战中，所有人都认为双方零和博弈就是一种通用的世界模型（定位）。但在变化的时代，网络在建立新的世界模型（定位）时要智能得多。在一场基于超文字的新的定位革命中，人们认为会有一种新的关键智者，也认为会出现一种新的沟通媒介，就像书写手稿或印刷书籍那样。不久前有两个团队进行了分析生物武器的团队实验，从实验中得出的经验教训表明，要想建立新的国家定位方法，首先就要将权力赋予分析人员，让他们建立一种基于网络的“超书籍”（hyperbook）。笔者建议，最先推出的“超书籍”应当是那些能够呈现六维阶层式多维分析类世界模型的网站。

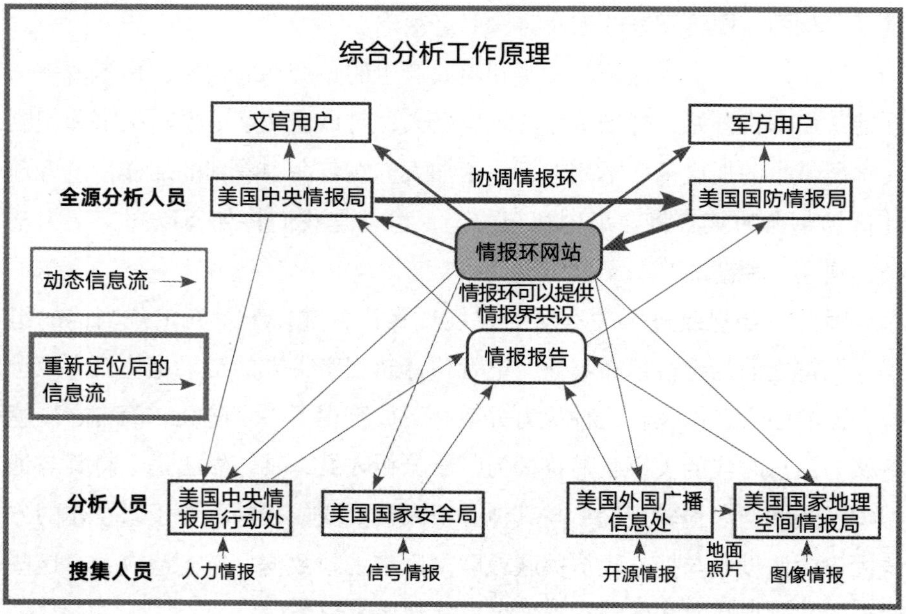

图11-3

在新的世界观中，情报界的组织保持不变，只是定位变得不同。这样一来，那些能让各个组织以“定位团队”方式开展工作的沟通渠道也将变得不同。

再次重申，必须强调的是，定位这个步骤是需要修正的，辛西娅·格拉博的“战略预警”、博伊德上校的“定位”和笔者的“模型”只是不同观点，但表述的却是同一个重要的概念，即这个组织的“智者们”共同秉持的通用世界观有多明智，这个组织所做决策就有多明智。

在国家 OODA 循环中，这种新的定位将以怎样的方式出现？

在重新定位的情报界，情报将是假设驱动的（采用自上而下的模型），而不是搜集驱动的（采用自下而上的模型）。它也将是主动的（对假设检验研究循环得出的任何结果建模，以此建立世界观），而不是被动的（响应用户下达的任务，以此建立世界观）。

关键在于应当为全源分析人员提供必要的时间和工具，让他们以此建立关于目标国家或组织的多维分析模型。接下来，将这个通用模型在旧的信息流模式中向上和向下共享，但需为其增加链路。应当将这种通用多维分析模型制成基于六维阶层式多维分析类世界模型的网站，然后发布在情报环上。

在情报环上发布关于大规模杀伤性武器的多维分析模型，这种实验可以将权力赋予情报界所有参与该项目的人员。但这取决于全源分析人员能否提供指导和定位：

- 因为美国国防情报局负责在情报环网站上发布通用模型，所以中央情报局和国防情报局的分析人员需要更加密切地开展合作。国防情报局需要确保发布的模型可以体现情报界的共识（或在需要时指出情报界的分歧），中央情报局需要对网站进行监视，以再次确保网站已经反映共同的评估意见，但也要确保这些意见反映的报告符合网站的保密要求（因为发布此类敏感报告通常属于中央情报局分析人员的职责范围）。

- 发布的第一级情报是战略分析，为文官和军方的政策制定者提供快速方便的关键评估。
- 发布的第二级情报是多维分析提供的详细描述。这时多维分析应当包括组织历史和大规模杀伤性武器关键人员的简历，同时包括那些被评估为仅具有双重用途且目前不属于大规模杀伤性武器项目的人员的简历。这个层级的信息共享有助于向分析人员和搜集人员提供详细的反馈，从而大大提高搜集的针对性。
- 最令人惊讶的结果是，在实验进行了大约一年后，尽管多维分析的重点是建立模型而不是直接解决用户的问题，但全源分析人员从用户那里得到的问题开始减少，下达任务的用户也开始减少。使用多维分析后，主动提供的关于大规模杀伤性武器项目的历史和背景资料就可以更加详细，如此我们更容易在更加庞大的背景资料下对新信息进行定位。因此，用户提出问题后，通常可以提供指向正确情报环报告的网址，从而予以回答。此后，问题的数量会急剧下降，但收到的问题都是在掌握更多信息的情况下提出的，因为这些用户已经从情报环发布的内容中，获得了更加广泛的背景资料。

在整个情报界开展的为期两年的多维分析努力，已经让我们在目标国家识别出四个新的生物技术设施，以及四个已知生物武器设施实现本地化的情况，而且推动建立了关于该国生物武器项目的组织结构图和主要参与者名单。

笔者认为，情报界目前的组织形式是合适的，足以将情报工作带入信息时代。只要将沟通渠道重新定位，使之从阶层结构（下达的任务向下流动，提交的报告向上流动）变为网络形式，情报界就可以在大规模杀伤性武器和恐怖主义的世界提供战略预警。关键在于集中精力，修复国家OODA 循环中的定位步骤。要想做到这一点，关键在于将权力赋予分析人员，使之成为开展观察的“智者”，以及将权力赋予全源分析人员，使之成为进行定位的“智者”。

第 12 章
展望未来

我们有方法、工具和组织来重新定位情报界，使之朝着信息时代情报的方向发展，进而建立战略预警。我们可以找到实现这个目标的领导者吗?

鉴于我们组织机构的设计初衷是以战术方式开展行动，我们应当如何重新定位情报流程，以便能够以战略方式进行思考?

一、从工业时代的反应到信息时代的思考

随着情报搜集工作变得愈发繁复、臃肿和昂贵，以及用于快速报告和在整个情报界内交流展示最新信息的设备成倍增加，我们必须小心谨慎，不能忽视预警的真正意义：最优秀的可用分析头脑对所有可用指标进行详尽客观审查，以此为基础作出深思熟虑的判断，并使用具有足够说服力的语言充当载体传递给政策官员，使之相信这种判断的有效性，进而采取适当的行动去保护国家利益。[1]

---

[1] Cynthia M. Grabo, *Anticipating Surprise: Analysis for Strategic Warning*, ed. Jan Goldman (Washington DC: Joint Military Intelligence College's Center for Strategic Intelligence Research, 2002), 169.

知识窗

现在我们可以回到起点，仔细研究：

战略博弈是一种交互和孤立。

在这场博弈中，我们必须能够削弱敌人与环境进行交流或交互的能力，同时保持或提升我们在这方面的能力。[1]

在大规模杀伤性武器和恐怖主义的新时代，情报界面临一个前所未有的挑战：在一个大规模杀伤性武器的世界，远在半个地球之外的大规模攻击可以在几分钟后发生，此时应当如何提供战略预警？在一个恐怖主义的世界，几分钟前看起来还是相当平和的敌人，几分钟之后会在美国境内发动袭击，此时应当如何提供战术预警？要想应对这一挑战，第一步是了解动态情报、战术预警与战略预警之间的区别：

- **动态情报**。将动态情报与刚刚根据预警指标搜集到的情报进行匹配，以预测敌人的下一步行动。
- **战术预警**。动用当前资源作出响应，以此预警敌人的潜在行动。
- **战略预警**。大规模重新分配资源，以此预警敌人的潜在行动。

战术预警是可能实现的，只要知道敌人现在正在做什么即可——前提是不但能够了解敌人目前可用的武器，还能了解使用这些武器的人员和组织的情况。如果我们能够知道他们目前拥有什么，我们就能作出决策，确定使用我们手头现有的东西，能够作出怎样的响应。但对于战略预警来说，我们首先需要"进入"敌人的头脑，其次需要"进入"我们自己的头脑。对于战略层面的 OODA 循环来说，首先是规划如何重新分配资源，以建立新的基础设施，然后是规划如何使用这个新的基础设施。

要作出战略预警，需要了解敌人的战略计划，而这个计划首先一定是

---

[1] Col John R. Boyd, *A Discourse on Winning and Losing*, Collection of un-numbered briefing slides, August 1987.

作出建立新的基础设施的决策。要想使用大规模杀伤性武器，首先需要把它们制造出来。要想在恐怖袭击中使用化学、生物、放射性、核或高爆武器，首先也需要把它们制造出来。因此，预警分析人员不仅需要知道敌人的能力，即他现在能做什么，还需要知道敌人的意图，即他计划做什么。

> 如果我们想要评估敌人的能力，我们需要“连接各点”。
> 如果我们想要评估敌人的意图，我们需要“定位箭头”。

但是，这些预警分析必须在危机爆发之前准备就绪。因为一旦国家或恐怖分子已经使用大规模杀伤性武器，从而引发了危机，便为时已晚。

二、信息时代情报的新假定

笔者指出，有一种途径可以实现对情报界的重新定位，让它可以在一个大规模杀伤性武器和恐怖主义的世界提供战略预警。好消息是，如果领导者能够超越牛顿工业时代的思维，转而具备量子信息时代的思维，那么在十年之内，确实有可能实现这个目标。

从	**到**
更大更快的技术， 对抗技术， 即时数据造就即时决策。	更聪明的思维， 智胜决策者， 只有了解过去，才能预测未来。 历史非常重要！

从	**到**
瞄准目标。 这是一个两极的世界。	瞄准个体。 这是一个多极的世界，每个国家、组

	织和个体都有不同的目标，以及实现这些目标的决策流程。
这是“我们”对抗“他们”。	这是“我们的团队”共同合作。

从	**到**
存在万能钥匙。	具体情况具体分析。 背景资料至关重要。
能力评估，评估基础是了解和识别事物，即武器和制造武器的设施。	意图评估，评估基础是了解相关人员和他们建立的组织、国家和文化，因为正是这些人员制造出大规模杀伤性武器并成为恐怖分子。

从	**到**
情报是被动的， 搜集驱动的， 基于动态情报和战术预警的。 在战术思维中，越快越好。	情报是主动的， 假设驱动的， 基于战略预警的。 在战略思维中，越聪明越好。

真正的战略预警不仅需要提前计划进入下一个决策循环，还需要提前计划进入下一个决策循环之后的那个决策循环。和科学的目标一样，情报的目标也是预测未来。

借助这些量子假设，笔者概述了如何对敌人建模、如何对我们的建模方法建模，以及如何对我们自己建模，这些方法便是我们走向信息时代情报界千里之行的第一步。我们已拥有必要的方法，也掌握了必要的工具和技术。我们甚至拥有必要的组织，但我们需要重新定位情报的思维方式。再次重申，在对大规模杀伤性武器项目进行多维分析实验后，根据从中吸取的经验教训可知，好消息是，如果我们重新定位并就此努力开展工作，就有可能在十年内实现这个流程。

第 13 章
走向信息时代的情报界

改变文化通常需要几代人的努力。美国海军用了四代人的时间，才从帆船发展到蒸汽机船，从种族隔离发展到种族融合，如今我们想要重新定位情报界文化，使之从牛顿范式发展到量子范式，所要花费的时间会更短吗？

一、从观察驱动行动，到定位驱动决策

预警没有实体，是一种抽象，一种理论，一种演绎，一种感知，也是一种信念。它是推理或逻辑思考的产物。它也是一种假设，但其正确性既不能被证实，也不能被证伪；而当可以证实或证伪时，为时已晚。[1]

定位是我们基因遗传、文化传统和先前经验的宝库，也是“观察—定位—决策—行动”循环中最重要的部分，因为它可以左右我们观察、决策

---

[1] Cynthia M. Grabo, *Anticipating Surprise: Analysis for Strategic Warning*, ed. Jan Goldman (Washington DC: Joint Military Intelligence College's Center for Strategic Intelligence Research, 2002), 4.

和行动的方式。[1]

坏消息是，重新定位我们自己这件事并不容易。我们组织机构的建立基础是工业时代的模型，该模型的重心是由观察直接驱动的行动。这一点不足为奇，因为在牛顿范式中，进行逻辑思考的核心是我们对物理世界的掌控。但在新兴的量子范式中，进行逻辑思考的核心却是我们对概念世界的掌控。这意味着我们需要信息时代的模型，它的重心是由“及时定位”驱动的决策。工业时代军事事务革命的领导者是“强者”或“战士”，负责作出决策并采取行动。而当前的军事事务革命将是一场定位革命，就好像基于印刷文字发明的革命一样——那场革命发生在工业时代之前，驱动工业时代的到来。此类革命的领导者是“智者”或“导师”，比如马丁·路德、艾萨克·牛顿和托马斯·潘恩。

在稳定的世界，阶层是最有效的，“战士”可以通过强调物理世界的方法来领导民众，这就是观察驱动行动。而在快速变化的世界，网络是最有效的，“导师”可以通过强调认知世界的方法来领导民众，这就是观察驱动定位。在探讨考察第二种世界的两次军事事务革命时，我们可以看到，要想重新定位这种组织思维，通常需要几代人的努力。

我们遇到了敌人，那就是我们自己。

——波哥[2]

军事技术革命可以改变技术，进而改变世界，而且它的发生速度极快。在美国内战中，初期的战斗血流成河，原因就是使用了工业时代的技术，但那时将军们却仍在使用农业时代的战术。军事事务革命能以改变组

[1] Col John R. Boyd, *A Discourse on Winning and Losing*, Collection of un-numbered briefing slides, August 1987.

[2] 波哥（Pogo the Possum）是一只负鼠，是美国漫画家沃特·凯利（Walt Kelly）创作的著名漫画形象。——译注

织的运行方式，进而改变世界，它的发生速度要慢许多。格兰特需要重组军队的运行方式，这样才能引入工业时代的战略。相比之下，军事文化革命可以借助比较方法，改变构成组织的那些个人的思维方式，进而改变组织的思维方式，但它的发生速度却比冰川还要缓慢。

二、改变一种文化需要多久

……一个参加过击败无敌舰队之战（1588 年）的海军舰长，登上 1840 年经典战舰时仍会得心应手，此时他对战舰的熟悉程度远远胜过 1840 年普通舰长登上美国内战（1861—1865 年）期间先进战舰时的情况。[1]

——阿尔弗雷德·塞耶·马汉（Alfred Thayer Mahan）海军上校的《从风帆到蒸汽》（*From Sail to Steam*）

范式转移中存在这样一个问题：那些在旧范式里成长起来的人，很难重新定位自己的思维，去接受新技术和基于新技术的组织。一般来说，这意味着军事技术革命可以在短短几年内变成军事事务革命，但要想变成军事文化革命，通常需要几代人的努力。美国海军从帆船到蒸汽机船的革命便是一个很好的示例。

1807 年，罗伯特·富尔顿（Robert Fulton）驾驶“克莱蒙特”号（Clermont）蒸汽机船在美国哈德逊河航行。1862 年，“莫尼特”号（Monitor）与“弗吉尼亚”号（Virginia）这两艘铁甲舰交战。然而，在美国内战后期，即使成功动用了其他多艘“莫尼特”级蒸汽铁甲舰，美国海军仍然非常不愿放弃风帆战舰。蒸汽机船能够朝着指南针上任何一点随意航行，即使迎风或无风也是如此，这种能力改变了整个战术图景，但技术远比战术和组织思维更加重要。这段历史被称为“蒸汽单桅帆船”时代，

[1] Alfred Thayer Mahan, *From Sail to Steam* (New York: Harper & Brothers, 1907), 3.

然而该称谓其实是一种矛盾修饰法。海军甚至在许多战舰上弃用四叶片螺旋桨，代之以效率更低的双叶片螺旋桨，因为双叶片螺旋桨可以与龙骨垂直排列，提高船只在扬帆航行时的速度。[1]

美国海军蒸汽单桅帆船“加莱纳”号
（1871—1879年建造，1891年沉没）
（美国诺福克海军造船厂）

图13-1

在使用帆船的大航海时代，军官候补生会在船上接受在岗训练。因为他们既不是士兵（睡在船头），也不是真正的军官（睡在船尾），所以他们睡在船的中部，并因此得名Midshipman（海军军官候补生，字面意思就是“待在船只中部的人”），并一直沿用至今。他们的训练大多是非正式的，通常是由随船牧师主持进行的，而且他们真的是通过爬桅杆和收风帆等方式进行学习。然而，技术和丑闻改变了这一切。随着蒸汽机船在整个海军舰队中变得愈发普及，人们开始关注训练军官学习如何操作锅炉和螺旋桨，以及所有相关的工程学原理，另外在19世纪30年代，争论主要集中在是否应当开设一所这样的学校。然而，对船上教育发出最后一击的是1842年美国军舰“萨默斯”号（Somers）上发生的事件。当时，一名海军军官候补生和两名士兵合谋叛变，并因此被绞刑处死。经查，船长在此

[1] *Sea Power: A Naval History*, E. B. Potter, ed. (Annapolis, MD: Naval Institute Press, 1981), 117-120, 128, 155-161.

次事件中没有任何错误，但由于这名海军军官候补生的父亲是战争部长，叔叔是海军上校，此事激起的愤怒导致美国海军学院于 1845 年在马里兰州安纳波利斯成立。尽管海军学院是为了响应蒸汽机船问世而成立的，但直到 1910 年，当海军军官候补生首次乘坐蒸汽机船进行夏季巡航，从帆船到蒸汽机船的范式转移才算彻底完成。[1]

尽管富尔顿在 19 世纪初将蒸汽机船“克莱蒙特”号开上了哈德逊河，但海军从帆船到蒸汽机船的军事技术革命并未开始，直到又经过了一代人的努力，随着 19 世纪 30 年代第一艘蒸汽机船列装，1845 年美国海军学院的建立，以及 1862 年“莫尼特”号与“弗吉尼亚”号交战，这项革命才正式开始。即使那时，从帆船到蒸汽机船的军事文化革命也并未真正开始，直到马汉上校通过自己的著作《海权对历史的影响》（*The Influence of Seapower on History*），在 19 世纪 80 年代开始重新定位海军，进而在世纪之交过后，推动罗斯福总统创建了大白舰队（Great White Fleet），以及美国海军学院首次启动蒸汽机船进行夏季巡航，这才诞生了真正的蒸汽海军。因此，蒸汽机船技术几乎用了一个世纪的时间，才成为海军文化中不可或缺的组成部分。[2]

新的科学真理的取胜之道并不是说服它的对手，并让他们看到光明，而是因为它的对手最终将会死去，而熟悉它的新一代人会成长起来。

——马克斯・普朗克（Max Planck）

为什么要抵制变化？为什么真正的军事文化革命需要几代人的努力？似乎大多数人在离开学校之前，就已经固化了自己的世界观和思维方式。他们在自己职业生涯的剩余时间里，运用的都是自己在成长过程中和正规

---

[1] *Sea Power: A Naval History*, E. B. Potter, ed. (Annapolis, MD: Naval Institute Press, 1981), 112, 163.

[2] *Sea Power: A Naval History*, E. B. Potter, ed. (Annapolis, MD: Naval Institute Press, 1981), 162, 174, 192-193.

课堂上学到的所有东西。

第二个例子是美国海军从种族隔离到种族融合的革命。[1]罗斯福总统于1942年开始采取措施，意图在海军里实现种族融合，但在当时，即使只在美国海军学院，融合也是顶着重重压力进行的：1945年，第1位黑人海军军官候补生韦斯利·布朗（Wesley Brown）进入美国海军学院就读，并于1948年毕业。人们以为肤色障碍已被打破，但事实并非如此，直到1969年第50位黑人海军军官候补生毕业时才被真正打破。即便如此，无论海军学院如何夸口，到1999年一共也只有4名黑人毕业生升至海军上将。

同样，从罗斯福下令推行种族融合，到海军彻底实现种族融合，美国花了几代人的时间，才从军事事务革命发展到军事文化革命。1948年，杜鲁门总统签署行政令，重申种族融合的目标，由此在武装部队中确定了待遇和机会平等的政策，但直到20世纪70年代，黑人毕业生的数量从1971年的仅有3人增加到1977年的60多人时，融合才在美国海军学院真正实现。在美国海军学院，20世纪40年代末第一批理论上的种族融合班的毕业生，最终在20世纪70年代中期成为海军高级领导者，也就是在服役了大约30年之后，晋升海军上将。他们是第一批整个职业生涯都在贯彻种族融合这项官方政策的海军军官，也因此是第一批真正支持并推行这项政策的海军军官。此外，人口统计数据显示，在1975年之前，海军上将的候选人才库中几乎没有黑人军官。从1948年到1975年，一共只有178名黑人毕业，而到了1999年，共有4名黑人毕业生成为海军上将。事实上这正是种族融合的功劳，因为从中可以看出，黑人毕业生成为海军上将的概率，与其白人同学并没有太大的差异。[2]

人们只需稍作深入，就能追踪到军事文化革命的进展：军事技术革命

[1] John W. Bodnar, "How Long Does It Take to Change a Culture? Integration at the U.S. Naval Academy," *Armed Forces and Society* 25, no. 2 (Winter 1999): 286.

[2] John W. Bodnar, "How Long Does It Take to Change a Culture? Integration at the U.S. Naval Academy," *Armed Forces and Society* 25, no. 2 (Winter 1999): 286.

作为基准年带来的变化，不会令高层领导中的支持者感到满意，直到近 30 年之后，人们才会期望政策和组织等发生的变化，可以启动一场军事事务革命。但是，除非 30 年后的那些学生成为高级领导，否则这个组织是不会以新的范式开展“思考”的。

海军从帆船发展到蒸汽机船的革命持续了半个多世纪。19 世纪 40 年代，海军开始从帆船转向蒸汽机船；第一批在蒸汽机船上“出生并成长起来”的海军军官候补生，19 世纪 70 年代才得以晋升海军上将。此后，包括马汉在内的这些军官重新定位海军，使之开始“思考”蒸汽机船的相关事宜。但一直到 20 世纪初，全体海军才开始接受第一代蒸汽机船海军上将的训练。从 1845 年海军学院成立，到 1910 年海军军官候补生开始固定乘坐蒸汽机船巡航，用了如此久的时间，马汉这个 1859 年的美国海军学院毕业生才得以重新定位自己这一代人，此后这批人员开始担任领导职务，成为以蒸汽机船为基础进行定位的决策者。

海军从种族隔离发展到种族融合的革命也持续了半个世纪。1948 年时曾是韦斯利 · 布朗同学的那批美国海军学院毕业生，一直都是在种族融合（至少理论上是这样）的海军中“成长”起来的。而当他们在 20 世纪 60 年代末成为海军上将之后，从理论上的种族融合发展成真正意义上的融合便不是问题了，因为他们所知的海军一直都是种族融合的。进入新世纪之后，20 世纪 70 年代中期美国海军学院首批真正种族融合班级的学生，最终成为海军上将等高级领导。黑人海军上将的数量急剧增加，不仅是因为 20 世纪 70 年代的候任军官人才库变大，也是因为时至今日，海军所有人员根本不知道海军有过种族隔离的历史。因此，在罗斯福签署命令后的半个多世纪，种族隔离思维到种族融合思维的重新定位流程最终趋于成熟。

三、何时才能重新定位，从牛顿思维转为量子思维

多维分析预测认为，敌人需要经历漫长的流程才能改变战略思维；同

理，在研究了我们旨在实现新战略范式的重新定位后可知，我们在变革时会在文化和制度等方面受到同样的限制。在从工业时代思维转为信息时代思维之后，要想预测军事文化革命何时出现，我们同样只需要做加法和开展人口统计即可。

如果

你大学毕业是在1965年之前……	你大学毕业是在1980年之后……
你更喜欢手算而非机算。	你更喜欢机算而非手算。
在刚刚上完的科学课上，你使用的是计算尺。	在刚刚上完的科学课上，你使用的是计算器。
在生物课上，你解剖死猫。	在生物课上，你分析DNA。
你生活在印刷文字的世界。	你生活在超文字的世界。
你主要的新闻来源是报纸，也可能是网络电视。	你主要的新闻来源是CNN，也可能是网络。
你最喜欢使用纸笔和书写文字写东西。	你最喜欢使用计算机和超文字写东西。

信息时代的军事技术革命始于 20 世纪 60 年代，当时计算机和电视刚刚问世，制度科学在美国方兴未艾。20 世纪 70 年代之前与之后的大学毕业生之间的差异，正是牛顿思维与量子思维的决定性分界。那些在 1970 年之前毕业的人员，是无法从信息时代技术的角度去思考问题的，就像 19 世纪 40 年代以海军军官候补生身份随船学习的帆船时代海军上将，是

无法在 19 世纪 70 年代制造纯蒸汽机船的，又或是像 20 世纪 20 年代在全是白人的海军中建立友谊的种族隔离时代海军上将，是无法在 20 世纪 50 年代思考种族融合问题的。1975 届的毕业生现在刚过 50 岁，这意味着在我们军队和情报界，几乎所有高级领导者都是那一代人，他们认为计算机只是美化过的打字机，生物学就是研究如何解剖死猫的。

在分析情报界信息时代重新定位的流程时，人们可以预测指出，军事事务革命其实还没有开始，主要是因为缺乏适应信息时代范式的领导者。人们可以预测指出，对于即将到来的定位革命来说，它的“马汉”还没有“写出那本著作”（又或者更有可能的是发布“那个网站”），因为这样的“导师”必须有能力在牛顿思维主宰的世界进行观察和重新定位，但同时必须“成长”于电视和计算机的时代。辛西娅 · 格拉博和博伊德上校几乎就是这样的人；他们都曾在一个由工业时代思维主宰的信息时代世界进行观察和定位，但他们都不是信息时代的孩子。

透过海军从帆船到蒸汽机船的革命，以及从种族隔离到种族融合的革命，人们可以预测出一幅相当黯淡的画面。信息时代的军事技术革命始于 20 世纪 60 年代，但那时军事事务革命才刚刚开始，年轻的领导者（美国海军学院 1975 届及以后的班级）还不到 50 岁，才刚刚开始在格拉博和博伊德等前瞻性分析人员提出问题的基础上进行定位，并制订重新定位情报界的计划。不幸的是，目前人们尝试通过“解决数据库问题”的方法实现情报界一体化，并尝试通过创造更大更好卫星的方法来实施更加优质的分析，但这些尝试会让人回想起蒸汽单桅帆船的时代，或是在“种族融合”的海军学院，每年却只有一两名黑人海军军官候补生毕业的时代。

军事文化革命可以实现信息时代的定位革命。等到与“大白舰队”或第一位黑人海军作战部长等效的指标出现时，就可以证明军事文化革命已经完成，但这很可能再过二三十年也不会到来。它需要信息时代的那一代领导者崛起，但他们目前还在上大学，还将师从辛西娅 · 格拉博、博伊德上校和其他前瞻性思想家的门徒，学习他们的量子思维。我们等得起那么长的时间吗？

第 14 章

我们能实现范式转移吗

我们可能缩短“从军事技术革命到军事事务革命再到军事文化革命”这个流程的缓慢步伐，这样才能开始建立信息时代的情报界，具体做法是启动一个项目去获取高级分析人员的知识，以及去教育那些上升期分析领导者（Rising Analytical Leadership），从而重新定位情报界。但我们现在必须采取措施加以实施，否则就会失去这个机会，至少要再多等十年。

可能现在确实有些事情，是我们可以用来缩短“从军事技术革命到军事事务革命再到军事文化革命”这个流程的缓慢步伐的。笔者在关于重新定位情报界的假设中指出，对情报界来说，必须建立一个包含历史学家、图书馆员和馆长的人才库，此事的重要性远远胜过继续将预算花在新卫星和下一代计算机等更加先进的技术上。鉴于当代领导者的思维仍然处于旧工业时代的“帆船”范式之中，他们不太可能在国家 OODA 循环中的定位步骤被打破之后，倾尽全力地重视定位的修复工作。由于他们根深蒂固地重视由观察驱动的行动，至少在未来十年内，我们所能期望的最好结果也不过是类似“蒸汽单桅帆船”的情况，即承认新范式，但不肯放弃旧范式。军事事务革命不会自上而下地发生，但也许可以自下而上地加速。

领导我们，跟上我们，或者不要挡道！

——美国海军俗语

重新定位情报界的关键是建立一支由分析人员组成的骨干队伍，他们能够分析大规模杀伤性武器和恐怖主义问题，他们是研究特定国家、特定恐怖组织及其特定大规模杀伤性武器项目等实体相关历史的主题专家，经常使用多维分析（或更高级的分析方法），并且能够娴熟地使用超文字开展分析并生产情报。为了方便起见，笔者将他们称为第一代重新定位者（First-Generation Reorienters）。在当前的历史时刻，这样的分析人员实际上不可能找到。如果我们把培养新人的事留待情报界整个领导层发生自然变化后再行处理，那么至少还需要经历两代人的努力。然而，考虑到分析人员在情报界的人口分布情况是非常怪异的，如果我们可以非常迅速地采取行动，或许就有办法既能谨记历史是非常重要的，又能重新定位，转为信息时代的思维方式。

人口统计学是一门历史学科，生物学家和政治学家都在使用它来研究种群，并根据种群成员的年龄分布，预测动物种群或文化种群的未来特征。虽然笔者尚未将人口统计学直接并入多维分析当中，但这是很容易实现的，因为标准的人口统计图看起来就像是化学家的麦克斯韦 - 玻尔兹曼曲线，即像是一个翻转 90 度的组织结构图。人口统计图上标注的年龄可以反映经验和技能，即用以表示人口的从右到左的人口统计轴，非常近似于组织结构图中从下到上的权力轴。

在未来 10 年内，情报界大约 50% 的技术专家将会退休。将要填补这些职位（假设这些职位将被填补，而不是被淘汰）的初级分析人员可能拥有技术性技能，但肯定缺乏前辈那种经验和基于问题的知识。成熟的科技情报分析人员正在逐渐减少。想要领会科技情报的含义并掌握其微妙之处，以及它对国家和地区情报分析的重要意义，这需要多年的研究和经验。我们失去的科技情报分析能力无法迅速购买，更无法在某个有限时间内购买，事实上它需要数年时间才能更换。虽然化学武器科技在1991—2001年这段时间内略有发展，但生物武器的科技资源却在下降，鉴于它与日俱增的重要性，这个发现着实令人感到惊讶。[1]

——科技情报委员会

我们可以绘制情报界的人口统计图，以此窥探情报界的未来。分析未来十年的关键就是分析人员年龄分布图，这是一个比较奇怪的双峰分布，是根据上一代人的招聘实践绘制的。在里根政府扩充军备之际，美国情报界也在扩张，招聘了许多年轻的分析人员。在这些人的职业生涯中，他们的职业道路前景乐观，因此留任率极高。他们都是情报界的高级分析人员，现在都已经五六十岁，正是情报界分析资产的重要组成部分。在他们的职业生涯中，情报界的招聘率整体低迷，这种情况一直持续到最年长的分析人员开始退休。因此在今天的情报界，分析人员按年龄划分，呈双峰分布：只有五六十岁的高级分析人员，以及奔三至不到四十岁的初级分析人员，鲜有35—50岁这个年龄段的分析人员。

高级分析人员掌握着情报界的集体知识，拥有二三十年的经验，是各自领域的主题专家。这种大规模杀伤性武器分析人员知识渊博，谙熟自己的目标国家，在加入情报界之前便已获得大量关于传统科技的知识。由此看来，这些人不可能是第一代重新定位者，因为他们更有可能把自己的“鞋盒”积累在纸质文件上，最多只是保存在MS Word文件中，不太可能积极参与数据库使用、开源开发或多维分析。然而，他们头脑中和储存在“鞋盒”中的知识，却正是启动多维分析流程所需的历史基线。

另一方面，年轻的分析人员是信息时代的孩子，非常精通计算机和数据库。在留心观察了年轻化学武器分析人员的几件秩事以后，笔者注意到，如果给予高级分析指导，他们可以非常快速地上手保密或开源数据

[1] Scientific and Technical Intelligence Committee, “The Health of Scientific and Technical Intelligence: A Study Conducted by the Scientific and Technical Intelligence Committee,” (April 1998).

库，以此建立“鞋盒”和电子“索引卡组”，并且非常乐于使用情报界新的计算机分析工具。因此，如果他们能接受分析技能的教育，并且能够访问多维分析所需的历史基线，就能成为第一代重新定位者。

> 战略思维和战略规划可以跳出自身循环，进入下一个决策循环。最有成效的组织能够以尽可能快速和高效的方式执行当前计划，同时重建自身以便提出新的计划。

一、从当下走向前方的第一步

如果情报界能够调整重点，从向外聚焦去处理用户下达的任务，转为向内聚焦去重建自身以适应信息时代，可能就有办法解决其所面临的两大人事挑战，但具体做法是强调让“导师”而不是“战士”来担任领导。

在我们有生之年，重新定位情报界面临的第一项重大挑战，就是获取高级分析人员的知识。这需要以下双方同时努力：

- 高级分析人员需要教导年轻分析人员，好将自己的隐性知识传给下一代。这可能需要招聘更多的分析人员，因为有许多关于大规模杀伤性武器的报告，但每份报告都只让一名分析人员负责处理，也就是说，在某个年轻分析人员处理某份大规模杀伤性武器报告时，要想让高级分析人员为他提供指导，除非这位年轻分析人员现在有空，并且没被要求处理另外一份报告（即没有高级分析人员指导他处理这份报告），又或是奉命加入“危机支持小组”。
- 情报界需要在信息技术和分析支持等领域招聘足够多的合同工，这样才能保存高级分析人员的“鞋盒”，并从中提取证据，输入标准化的“实体数据库”。进行多次多维分析实验后，从中获得的经验可以表明，对某个目标国家进行关于大规模杀伤性武器日常分析的工具已经就位，或者正在筹备，很快就会到位，但要想把历史记录从印刷文字（或仅仅以电子格式保存的印刷文字）转化成超文字，将是一项非常艰巨的任务，需要更多额外的短期助力。在当前的重新定位革命中，在互联网问世的十年之后，其实与古腾堡印刷第一本圣经的十年之后并无二致：印刷任何新书时，都是作品怎么写，它就怎么印；但是，只有当我们返回图书馆，将馆藏的所有手抄书籍印刷出来之后，才会有足够的副本将权力赋予路德、牛顿和潘恩等“分析人员”。

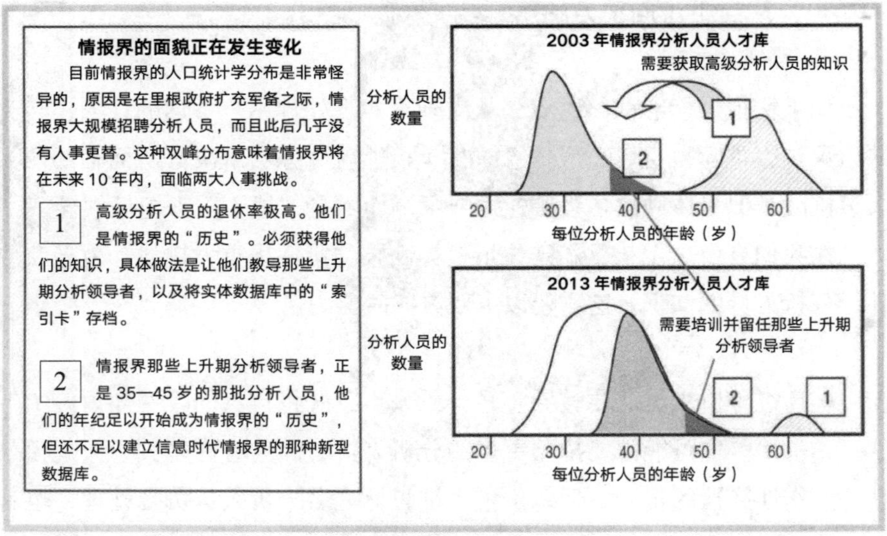

情报界的面貌正在发生变化
目前情报界的人口统计学分布是非常怪异的，原因是在里根政府扩充军备之际，情报界大规模招聘分析人员，而且此后几乎没有人事更替。这种双峰分布意味着情报界将在未来 10 年内，面临两大人事挑战。
1 高级分析人员的退休率极高。他们是情报界的“历史”。必须获得他们的知识，具体做法是让他们教导那些上升期分析领导者，以及将实体数据库中的“索引卡”存档。
2 情报界那些上升期分析领导者，正是 35—45 岁的那批分析人员，他们的年纪足以开始成为情报界的“历史”，但还不足以建立信息时代情报界的那种新型数据库。
2003 年情报界分析人员人才库
需要获取高级分析人员的知识
分析人员的数量
1
2
20
30
40
50
60
每位分析人员的年龄（岁）
2013 年情报界分析人员人才库
需要培训并留任那些上升期分析领导者
分析人员的数量
2
1
20
30
40
50
60
每位分析人员的年龄（岁）

图14-1

> 应当保存高级分析人员“鞋盒”所呈现的历史记录，这个问题必须马上予以解决，因为只要有高级分析人员退休，接班的年轻分析人员就会将所有这些文件粉碎（因为它们只是纸质文件），于是我们集体知识中的某一部分也会就此永远失去了。

在我们有生之年，重新定位情报界面临的第二项重大挑战，就是将权力赋予那些上升期分析领导者。通过跟踪情报界的人口统计数据，我们可以看到，未来十年内几乎如今所有的高级分析人员都将退休。考虑到如今人们的寿命差距，这意味着在未来十年内，“高级分析人员”的衣钵将迅速从如今 50 多岁的分析人员手中，传给如今 30 多岁的分析人员，这也意味着情报界的集体知识将会骤减——而且这种骤减其实已经开始了。更有甚者，我们现在对此无能为力，因为过去 20 年的招聘差距是无法以任何方式弥补的。不论在学界还是业界，都没有律师或医生那种可供开发的“分析人员”人才库，也就无法引进有经验的分析人员；分析人员必须从零开始，接受情报界的培训。然而，在人口统计年龄曲线的前端，存在一个由年轻分析人员组成的数量极少的骨干群体，他们便是信息时代情报界的上升期分析领导者。

上升期分析领导者是情报界的组成部分，数量极少，但极其宝贵：数量极少，是因为很少有分析人员会在 20 世纪 90 年代便已进入情报界，在其中工作 5—10 年并成为领导者，极其宝贵是因为他们是第一代定位者的唯一候选群体。这些分析人员已经足够成熟，能够理解分析流程，并已在自己的头脑和“鞋盒”中积累了知识库，而他们也足够年轻，能够掌握计算机和数据库。他们正是能够带领情报界进入信息时代的专家。

不幸的是，这个群体正被工业时代的人事政策挤出情报界。对于上升期分析领导者来说，这里并没有适合他们的职业模式。一方面，他们正在等待高级分析人员退休，但已经走进了死胡同，因为所有高级职位都已被占据；另一方面，他们已经开始承担远远超出自身经验水平的责任，因为他们面前横亘着巨大的领导差距。此外，每当出现一个“数据库问题”时，被找来解决问题的正是这些分析人员，而不是高级分析人员，因为后者是“数据库文盲”。

> 每一位上升期分析领导者都是 30 多岁的 GS-13[1]，现在正是整个情报界大规模杀伤性武器和恐怖主义报告的主题专家，但他们都离开了情报界，原因是缺乏职业发展机会；他们也都是潜在的第一代定位者，在近 200 内是无可替代的。

二、机遇与挑战

对情报界进行多维分析后可以发现，既有好消息，也有坏消息。

在学习了辛西娅·格拉博和约翰·博伊德上校的经验教训之后，我们就可以开始建立方法和工具，并对自己进行重新定位，以便能在大规模杀伤性武器和恐怖主义的时代提供战略预警。多维分析是第一代的信息时代方法，可以作为基础，用来制定更好的方法；MS Word 和 PowerPoint 是强大的工具，可以作为基础，用来建立更好的工具。这一切的前提是我们谨记分析的基础是研究 OODA 循环，这通常被称为假设检验。针对国家的大规模杀伤性武器项目和恐怖分子的化学、生物、放射性、核或高爆武器项目，对其进行多维分析实验，结果表明相关的方法、工具和组织已经到位，可以开展信息时代的战略分析。

另一方面，信息时代情报界面临的主要障碍是，认识到在国家 OODA 循环中，定位步骤已被打破，也认识到要想实施信息时代的战略分析，情报界就需要重新定位，从重视由观察驱动的行动，变为重视由定位驱动的决策。这样的重新定位需要量子思维，而目前情报界领导层的工作基础仍然是牛顿思维。这意味着，在目前领导层退休、习惯于格拉博和博伊德的量子模型的新一代高级领导者成长起来之后，情报界自上而下的重新定位不用等到下一代才开始。

---

[1] 这是美国联邦公务员等级。美国联邦公务员共分 3 档，即普通目录（GS）、高级行政目录（SES）或行政级别（SL），以及行政目录（ES）。GS-13 即 13 级普通目录，大致相当于美军中校（O-5）。——译注

然而，在一批上升期分析领导者的领导下，情报界有可能自下而上进行重新定位，因为他们既能理解历史的重要性，又很熟悉计算机和数据库。如果我们能够将权力赋予这些领导者，让他们去领导情报界的重新定位，我们就有可能节约一代人的时间，现在就开始这个流程。但是，如果失去了这批骨干，情报界将不得不几乎从零开始重建自身，并且至少在未来十年之内，并不具备重新定位的专业知识。

致　谢

笔者由衷感谢美国国防情报局吉姆·墨菲（Jim Murphy）和凯尔西·阿尔魏因（Kelcy Allwein），美国国家安全局金·麦克瓦尼（Kim McVaney）、美国麻省理工学院研究与工程公司（MITRE Corporation）麦克·马斯克拉里（Mike Maskelaris），以及美国国家情报大学教授弗兰克·休斯，感谢他们对本书的几版初稿作出的审阅和评论。此外，还要感谢美国国防情报局埃里克·黑尔（Eric Hehl）博士、戴维·特比（David Temby）三级准尉、玛丽·海史密斯（Mary Highsmith）和詹姆斯·范德威尔得（James van der Velde）中校、以及来自美国国家情报大学的学员杰弗里·约翰逊（ Jeffrey Johnson）中校、教员威廉·威廉森（William Williamson）博士，还有我的同僚丽贝卡·卡茨（Rebecca Katz）研究员，感谢他们就机密案例研究提供非常重要的协助或建议。

作者简介

约翰·博德纳尔博士，曾以国防情报局生物战分析师身份，在美国国家情报大学担任研究员；曾在美国海军潜艇部队和海军预备役部队服役，共计 23 年；曾以海军预备役部队技术分析人员的身份，在海军研究办公室和海军战争学院工作，发表了数篇关于军事事务革命的论文。博德纳尔博士在担任国防分析师期间，将自己的网络建模方法，运用于分析研究多个国家和恐怖主义生物武器项目，并为多个旨在融合计算机技术与情报分析的研究项目提供专业指导。他在美国俄勒冈州立大学获得了生物化学博士学位，并在耶鲁大学完成了病毒学博士后培训。作为一名研究型生物学家，博德纳尔博士曾是美国东北大学和美国海军学院的教职人员，也是美国史蒂文森大学生物信息学兼职教授。博德纳尔博士的生物学研究包括对病毒生长和细胞结构的实验室研究，以及针对胚胎形成和有机体发育的基因网络的动态，开展理论研究和计算机模拟。

参考文献

Bodnar, John W. "How Long Does It Take to Change a Culture? Integration at the U.S. Naval Academy." *Armed Forces and Society* 25, no. 2 (Winter 1999): 289-306.

Boyd, Col John R. *A Discourse on Winning and Losing*. Collection of unnumbered briefing slides. August 1987.

Clark, Robert M. "Model Based Predictive Techniques." Lecture at the National Security Agency in 2001. (Available in: Robert M. Clark. *Intelligence Analysis*. CQ Press, 2003).

Grabo, Cynthia M. *Anticipating Surprise: Analysis for Strategic Warning*. Ed. Jan Goldman. Washington, DC: Joint Military Intelligence College's Center for Strategic Intelligence Research, 2002.

Kuhn, Thomas. *The Structure of Scientific Revolutions*. Chicago, IL: University of Chicago Press, 3rd edition, 1996.

Krygiel, Annette J. *Behind the Wizard's Curtain: An Integration Environment for a System of Systems*. Washington, DC: National Defense University, 1999.

Mahan, Alfred Thayer. *From Sail to Steam: Recollections of Naval Life*. New York: Harper & Brothers, 1907.

Rue, GySgt Steven S., USMC. *The Breakdown of the PC Paradigm: Information Display Technology As Analysis Inhibitor*. MSSI Thesis. Washington, DC: Joint Military Intelligence College, August 2003.

Scientific and Technical Intelligence Committee. "The Health of Scientific and Technical Intelligence: A Study Conducted by the Scientific and Technical Intelligence Committee." April 1998.

英汉对照表

Advanced Research Development Activity (ARDA)（美国）高级研究和开发活动

analog model 模拟模型

Analysis of Competing Hypotheses (ACH) 竞争性假设分析法

asymmetric warfare 不对称战争

Bioinformatics 生物信息学

biological weapon (BW) 生物武器

Biology 生物学

chemical, biological, radiological, nuclear or high-explosive (CBRNE) 化学、生物、放射性、核或高爆武器

command and control 指挥和控制

Complementarity Principle 互补原理

corporate knowledge 集体知识

current intelligence 动态情报

database 数据库
data-mining 数据挖掘
Decision Cycle 决策循环
Defense Mapping Agency (DMA)（美国）国防测绘局
Digital Production System (DPS) 数字生产系统
dimensionality 维度
Directorate of Operations (DO)（美国中央情报局）行动处

fast transient 快速瞬变
Foreign Broadcast Information Service (FBIS)（美国）外国广播信息处

Global War on Terrorism (GWOT) 全球反恐战争

Heisenberg Uncertainty Principle 海森堡测不准原理
homology searching 同源搜索
Human Intelligence (HUMINT) 人力情报
hypothesis testing 假设检验

Imagery Intelligence (IMINT) 图像情报
Indications and Warning (I&W) 征候与预警
Information Age 信息时代
information flow 信息流
information overload 信息过载
Intelink 情报环
Intelligence Community (IC)（美国）情报界
Intelligence Cycle 情报循环

Joint Intelligence Virtual Architecture (JIVA) 联合情报虚拟架构

Logistics Cycle 后勤循环

Maxwell-Boltzmann Plot 麦克斯韦 – 玻尔兹曼图
Measurement and Signature Intelligence (MASINT) 测量与特征情报
Military Technical Revolution (MTR) 军事技术革命
Multidimensional Analysis (MDA) 多维分析
multiplayer no-zero-sum 多方零和博弈

National Imagery and Mapping Agency (NIMA)（美国）国家成像与测绘局
National Institute of Health (NIH)（美国）国立卫生研究院
National Library of Medicine (NLM)（美国）国家医学图书馆
National Security Agency (NSA)（美国）国家安全局
network 网络
Newtonian science 牛顿科学

OODA Cycle“观察—定位—决策—行动”循环
Open-source Intelligence (OSINT) 开源情报
Operations Cycle 行动循环
order-of-battle (OB) 战斗序列
organization chart 组织结构图
orientation 定位

paradigm shift 范式转移

Revolution in Military Affairs (RMA) 军事事务革命

Revolution in Military Culture (RMC) 军事文化革命

Scientific and Technical Intelligence (S&TI) 科技情报
Second Law of Thermodynamics 热力学第二定律
Signals Intelligence (SIGINT) 信号情报
strategic analysis 战略分析
strategic game 战略博弈
strategic warning 战略预警
systems of systems 系统组成的系统

tactical warning 战术预警
Timeline 时间线
time-motion-analysis (TMA) “时间—运动” 分析
two-player zero-sum game 双方零和博弈

warning analysis 预警分析
warning intelligence 预警情报
weapon of mass destruction (WMD) 大规模杀伤性武器

国家安全与保密参考书目

情报与反情报丛书

《情报搜集：复杂环境下的规划与实施》 [美] 韦恩·霍尔 加里·西腾鲍姆
《战略情报：为美国世界政策服务》 [美] 谢尔曼·肯特
《以目标为中心的网络建模》 [美] 罗伯特·克拉克 [丹] 威廉·米切尔
《情报欺骗：反欺骗与反情报》 [美] 罗伯特·克拉克 [丹] 威廉·米切尔
《情报搜集：技术、方法与思维》 [美] 罗伯特·克拉克
《情报搜集的五大科目》 [美] 马克·洛文塔尔 罗伯特·克拉克
《情报分析：复杂环境下的思维方法》 [美] 韦恩·霍尔 加里·西腾鲍姆
《战略情报：情报人员、管理者和用户手册》 [澳] 唐·麦克道尔
《分析情报：国家安全从业者视角》 [美] 罗杰·乔治 詹姆斯·布鲁斯
《情报分析案例·实操版：结构化分析方法的应用》 [美] 萨拉·毕比 伦道夫·弗森
《情报分析案例：结构化分析方法的应用》 [美] 萨拉·毕比 伦道夫·弗森
《情报分析：结构化分析方法》 [美] 小理查兹·J.霍耶尔 伦道夫·弗森
《情报研究与分析入门》 [美] 杰罗姆·克劳泽 简·戈德曼
《战略情报的批判性思维》 [美] 凯瑟琳·弗森 伦道夫·弗森
《情报搜集技术》 [美] 罗伯特·克拉克
《情报：从秘密到政策》 [美] 马克·洛文塔尔
《情报分析心理学》 [美] 小理查兹·J.霍耶尔
《情报分析：以目标为中心的方法》 [美] 罗伯特·克拉克

国家战略预警研究译丛

（“十三五”“十四五”国家重点图书出版专项规划项目）

《信息时代的预警分析：再造高效情报流程》 [美] 约翰·博德纳尔
《情报为何失误：案例、方法与分析》 [美] 罗伯特·杰维斯
《战略预警情报：历史、挑战与展望》 [美] 约翰·金特利 约瑟夫·戈登
《情报与突然袭击：战略预警案例研究》 [美] 埃里克·J.达尔
《减少不确定性：情报分析与国家安全》 [美] 冯稼时
《珍珠港：预警与决策》 [美] 罗伯塔·沃尔斯泰特
《预警情报手册（完整解密版）：国家安全威胁评估》 [美] 辛西娅·格拉博
《先发制人：国际冲突的先制与预防》 [美] 迈克尔·多伊尔
《突然袭击：被袭国的视角》 [以] 伊弗雷姆·卡姆

国家安全译丛

《现代英国保密史：国家秘密与国家治理》 [英] 克里斯托弗·莫兰

《秘密与泄密：美国国家保密的困境》 [美] 拉胡尔·赛加尔

《美国政府保密史：制度的诞生与进化》 [美] 戴维·弗罗斯特

《数据与监控：信息安全的隐形之战》 [美] 布鲁斯·施奈尔

《21世纪犯罪情报：公共安全从业者指南》 [美] 理查德·赖特

《恐怖主义如何终结：恐怖活动的衰退与消亡》 [美] 奥德丽·克罗宁

《国家安全与情报政策研究：美国安全体系的起源、思维和架构》 [美] 伯特·查普曼

《秘密情报与公共政策：保密、民主和决策》 [美] 帕特·霍尔特

《网络战：信息空间攻防历史、案例与未来》 [美] 保罗·沙克瑞恩

《全民监控：大数据时代的安全与隐私困境》 [英] 约翰·帕克

《骗中骗：克格勃与中情局的无声战争》 [美] 爱德华·爱泼斯坦

《情报术：间谍大师杜勒斯论情报的搜集处理》 [美] 艾伦·杜勒斯

《谁来监管泄密者？：国家安全与新闻自由的冲突》 [美] 盖里·罗斯

其　他

《情报战图文史：1939—1945年冲突中的无声对决》（精装彩印）

[美] 尼尔·卡根　史蒂芬·希斯洛普

《密战图文史：1939—1945年冲突背后的较量》（精装彩印） [英] 加文·莫蒂默

《希特勒的间谍：纳粹德国军事情报史》（全译本，上下册） [美] 戴维·卡恩

《破译者：人类密码史》（全译本，上下册） [美] 戴维·卡恩

《偷阅绅士信件的人：美国黑室创始人雅德利传》 [美] 戴维·卡恩

《大西洋密码战：“捕获”恩尼格玛》 [美] 戴维·卡恩

《间谍图文史：世界情报战 5000 年》（精装彩印） [美] 欧内斯特·弗克曼

《斯诺登档案：世界头号通缉犯的内幕故事》（修订版） [英] 卢克·哈丁

《二战后的美国对外政策》 [美] 史蒂文·胡克　约翰·斯帕尼尔

《金融情报学》 王幸平

……后续新品，敬请关注……